Nicola Gratteri
Antonio Nicaso

PADRINI E PADRONI

Come la 'ndrangheta è diventata classe dirigente

MONDADORI

Dello stesso autore
nella collezione Strade blu

Fratelli di sangue
La malapianta
La giustizia è una cosa seria
La mafia fa schifo
Dire e non dire
Acqua santissima
Oro bianco

Nel libro vengono rievocate diverse vicende giudiziarie, alcune conclusesi e altre non ancora. Tutte le persone coinvolte e/o citate a vario titolo, anche se condannate nei primi gradi di giudizio, sono da ritenersi innocenti fino a sentenza definitiva.

librimondadori.it
anobii.com

Padrini e padroni
di Nicola Gratteri e Antonio Nicaso
Collezione Strade blu

ISBN 978-88-04-66892-3

I edizione ottobre 2016

Anno 2016 - Ristampa 5 6 7

Indice

Padrini e padroni

Deputati della mafia anziché della nazione! Si potrebbe concepire mai una Camera, nella quale sedessero deputati, il cui mandato politico fosse ottenuto per mezzo della mafia? La quistione si fa gravissima e non ispetterebbe il risolverla ai tribunali, ma al Parlamento, difensore e custode della propria dignità. Un giorno si dovrebbe levare in tutta Italia un grido: Fuori dalla Camera i mafiosi e i camorristi! Facciamo che questo grido non abbia a levarsi o non si levi troppo tardi.

Editoriale de «L'Opinione»,
ripreso dal «Corriere della Sera», 12 settembre 1877

Un ricordo preciso è di quando, tornato a casa per le vacanze, mia madre, venendomi incontro mi disse che mio padre era occupato nella stanza di sopra con quelli dell'associazione. Mi rallegrai dicendo: «C'è finalmente un'Associazione, al nostro paese?». Fresco di studi, credevo si trattasse di un'associazione per gli interessi locali. Mia madre mi fece ricredere subito: «È l'associazione a delinquere». Non so che avesse da sbrigare mio padre con quelle persone, comunque non me ne meravigliai. Nessuno in paese li considerava gente da evitare, e non tanto per timore quanto perché formavano ormai uno degli aspetti della classe dirigente.

CORRADO ALVARO, *La fibbia*,
«Corriere della Sera», 17 settembre 1955

Prologo

Niente riesce a scalfirci. Neanche la «giornaliera luce delle gazzette», come la definiva ironicamente Giacomo Leopardi.[1] C'è un'assuefazione che sconcerta, come se la corruzione e la mafia fossero tutt'uno con la bellezza struggente dei luoghi. Quello che è di tutti non appartiene a nessuno. Che importa se la corruzione avvelena l'economia, provocando gravi disuguaglianze sociali o se la mafia ammorba l'esistenza di tanta gente, con la complicità di alcuni degli uomini chiamati a combatterla?

Niente riesce a scalfirci. Né i ricorrenti disastri ambientali, né il consumo dissennato del territorio, né, tantomeno, il degrado di opere e servizi pubblici. L'incompiutezza è diventata risorsa, strategia di arricchimento per cricche e clan, mangime senza scadenza per padrini e padroni, come dimostra l'autostrada Salerno-Reggio Calabria, iniziata nel 1966 e mai davvero finita. Negli innumerevoli, interminabili cantieri, la 'ndrangheta si è divisa ogni chilometro in costruzione, tra subappalti e guardianìe, forniture di cemento, bitume e ogni altro materiale. È stata definita il corpo di reato più lungo del mondo: 442,9 chilometri di appalti pilotati, truffe, estorsioni e roghi.

Agli appetiti mafiosi non sono sfuggite neanche le tragedie. Nell'Emilia che crollava per il terremoto, la 'ndrangheta è arrivata prima dei soccorsi. «O comunque in contemporanea» come scrive il gip di Bologna, riferendosi a una conversazione, intercettata il 29 maggio 2012, tra due imprenditori che riflettono su come infiltrarsi negli appalti per la ricostruzione. «L'hai sentita la scossa?» chiede uno ridendo. «Non l'ho sentita. Sono andato via di casa» risponde l'altro. «Dobbiamo andare a vedere» insiste il primo, suggerendo di preparare «quattro società sicure» per «iniziare a lavorare», visto che «già un paio di cutresi [imprenditori originari di Cutro, in Calabria] sono andati prima di noi».[2] Dopo i morti e le sofferenze, le scorribande e le rapine.

Scenari già visti con il terremoto dell'Aquila. Anche in Abruzzo, mentre la gente moriva, c'era chi già pensava ai guadagni. «Io ridevo stamattina alle tre e mezzo dentro il letto» dice un imprenditore, riflettendo sulle opportunità legate al sisma del 2009.

Sciacalli, mafiosi, corrotti, corruttori. Luridi e laidi, tra maneggi e intrighi. Si specula ormai su tutto. Papa Francesco ha definito la corruzione una malattia sociale, assimilabile alla criminalità mafiosa, due fenomeni che si alimentano reciprocamente, corrodendo i rapporti di convivenza civile.

Ha utilizzato toni forti anche il presidente della Repubblica, Sergio Mattarella, dichiarando che «la corruzione è un furto di democrazia che crea sfiducia, inquina le istituzioni, altera ogni principio di equità, penalizza il sistema economico, allontana gli investitori e impedisce la valorizzazione dei talenti».[3]

Le vie del malaffare sono infinite. Ci sono cordate che sfruttano il massimo ribasso per accaparrarsi appalti e contratti, ma esistono anche pool di ditte che fanno da copertura a clan mafiosi per giustificare l'enorme ricchezza prodotta dal traffico di cocaina.

Corruttori e corrotti spesso riescono a farla franca. In Italia più che altrove. Qui i detenuti per corruzione sono solo 522, dei quali circa la metà sta scontando sentenze definitive, come rivela un'inchiesta di Lirio Abate pubblicata su

«L'Espresso».[4] Per gli altri, quasi certamente, interverrà la prescrizione che, da sempre, divora i processi.

Il passato non ha mai insegnato nulla. Ricordate Tangentopoli? «Doveva essere uno choc salutare e invece è naufragata in una lettura orwelliana [...]» spiega in un'intervista a «la Repubblica» il magistrato e scrittore Giancarlo De Cataldo, attento osservatore dei mali italiani. «Quello che era il naufragio di una classe politica corrotta si è trasformato agli occhi di molti in un golpe della magistratura contro una classe politica. È un problema di narrazione, si è costruita una contro mitologia che ha neutralizzato i fatti.»[5] Si è, insomma, superato il *metron*, la misura. Succede spesso.

Niente riesce a scalfirci.

Scrive Raffaele Cantone, che presiede l'Autorità nazionale anticorruzione: «È stato disperso il patrimonio emotivo scaturito dalle inchieste "Mani pulite"; quella percezione positiva che l'uomo della strada aveva di dare un taglio a un passato di corruzione, non è stata in alcun modo incanalata verso la creazione di un sistema a prova di corruzione. La rilevata drastica diminuzione delle denunce non va quindi considerata quale sintomo di una riduzione del livello di corruzione ma, al contrario, riflette forse una assuefazione verso una vera e propria "cultura della corruzione", che va dalla spicciola richiesta di denaro sino al condizionamento più elevato. A ciò si aggiunga che oggi "essere onesti" ha in molti casi il risultato di "essere esclusi" e, di conseguenza, di pagare un costo in termini di perdita di occasioni ovvero di esposizione a ritorsioni».[6]

C'è addirittura chi parla di mutazione antropologica della corruzione, come l'ex ministro della Giustizia Giovanni Maria Flick.[7] Ai tempi di «Mani pulite» c'era chi rubava per fare politica. Oggi c'è chi fa politica per rubare.

Niente riesce a turbarci.

La stessa legislazione utilizzata per indagare su centinaia di politici e imprenditori negli anni Novanta è stata via via spazzata da governi più interessati a logiche di potere che al bene comune. La razza dei corruttori ha seguito Darwin. Si è evoluta per selezione naturale. E si è moltiplicata.

Il contrasto alla corruzione e alla criminalità economica, come osserva il procuratore nazionale antimafia Franco Roberti, «non è mai entrato nelle strategie e negli obiettivi di alcun governo».[8]

Dopo Tangentopoli, la cultura delle regole è stata sostituita dalla prassi delle deroghe, come scrive Paolo Berdini su «Micromega».[9] L'urbanistica «contrattata» ha ormai soppiantato i piani regolatori con decisioni al riparo da qualsiasi trasparenza.

Anche sul piano normativo, molte scelte appaiono sempre più discutibili. L'abuso d'ufficio, per esempio, è stato abolito con la Bicamerale del 1997: da allora, favorire un privato con soldi pubblici, di per sé non è più reato. In Italia il reato di retribuzione illecita o traffico d'influenza praticamente non esiste. Per condannare politici e burocrati bisogna dimostrare quale atto specifico sia stato «comprato» con i soldi delle mazzette.

Tornano alla mente i tempi raccontati dal Manzoni, in cui don Abbondio ricorreva alle proprie competenze di diritto canonico per confondere Renzo, mentre l'Azzeccagarbugli adoperava la legge per favorire i potenti.

La stessa riforma del 416-ter del Codice penale non è servita a fare chiarezza. Nell'ipotesi di utilità in cambio di voti, con la modifica normativa recentemente approvata i politici rischiano meno dei mafiosi. Sarebbe stato certamente più opportuno punire con maggiore severità i politici, che – in virtù del mandato elettorale – dovrebbero rappresentare gli interessi dei cittadini, e non già i mafiosi, che – per natura – riflettono i comportamenti dello scorpione nella favola attribuita a Esopo.

Ma, come ricordava Tacito, è anche questione di numeri: «*Corruptissima republica, plurimae leges*». Più lo Stato è corrotto, più le leggi sono numerose; e più aumentano, più lo Stato si corrompe.

Niente di tutto questo, però, riesce a scalfirci.

Tutto sembra avere un prezzo. Se nel 1992 bastavano sette milioni di lire (tremilacinquecento euro circa) per corrompere politici come Mario Chiesa, oggi ne occorrono molti di più. Sono diventati «insaziabili bramini», come li definiscono Gian Antonio Stella e Sergio Rizzo nel libro-inchiesta *La casta*, pubblicato nel 2007. Divoratori di risorse pubbliche, disposti a qualunque compromesso.

Corruzione e mafia, ormai, vanno sempre più a braccetto. Sono due facce della stessa medaglia. La corruzione non è solo il prezzo che i cittadini onesti pagano alla malapolitica e alla malaeconomia, ma anche, e soprattutto, «un fattore strategico e strumentale dell'espansione mafiosa». Boss e imprenditori collusi avanzano a colpi di mazzette. Promettono voti in cambio di appalti e favori. Una strategia antica che non conosce discriminazioni ideologiche e che nel tempo ha visto la 'ndrangheta intrecciare rapporti con il Partito comunista italiano e con la destra eversiva, infiltrarsi nella pubblica amministrazione di comuni del Sud e del Nord e sostenere candidati del centrosinistra in Piemonte e del centrodestra in Lombardia.

Comportamenti antichi, ma purtroppo ancora tanto, troppo frequenti. Come quelli della 'ndrangheta, un potere che da sempre si relaziona ad altri poteri in una strategia di reciproca legittimazione.

Parte prima

La genesi: la collaborazione fra 'ndrangheta e colletti bianchi (fra i due secoli passati)

I

Da Reggio Calabria a Bardonecchia

Nella notte tra il 15 e il 16 giugno del 1869 a Firenze, in via dell'Amorino, a pochi passi dalla stazione di Santa Maria Novella, un uomo viene pugnalato. Il ferito non è un uomo qualunque. Si chiama Cristiano Lobbia, maggiore dell'esercito, ex garibaldino, eletto deputato nel collegio di Thiene-Asiago, nella lista del Partito liberale.

La notizia dell'agguato finisce sulle prime pagine di tutti i giornali e manifestazioni di solidarietà vengono organizzate in molte città italiane. Quella di Milano si conclude con gravi incidenti, mentre in Parlamento infuria la polemica. «Se il Governo in questa circostanza non usasse il rigore, l'energia e la speditezza necessaria per arrivare allo scoprimento della trama scellerata di cui fu vittima l'onorevole Lobbia, sapete che cosa ne avverrebbe?» si chiede, tra gli altri, il parlamentare calabrese Luigi Miceli durante la seduta. «Avverrebbe che il pugnale che non ha ucciso l'onorevole Lobbia avrebbe ucciso la coscienza del Paese.»

Tutto era iniziato qualche mese prima, quando il governo, guidato dal generale Federico Menabrea, aveva deciso di cedere per vent'anni il monopolio dei tabacchi a faccendieri legati al Credito Mobiliare, in cambio di un'anticipazione di cassa di 180 milioni di lire: meno della metà di quelli offerti – senza accordi capestro – da stimati finanzieri parigini e londinesi. La convenzione, firmata con lo scopo di risanare le casse dello Stato, svuotate dalle spese militari per le guerre d'indipendenza, aveva immediatamente suscitato molti sospetti. Si era vociferato che per favorirla fossero stati distribuiti diversi milioni – «zuccherini» – «dei quali sei al re e due [da dividersi] tra sessanta deputati». Sollevando in Parlamento due grossi plichi con cinque sigilli rossi, il maggiore Lobbia aveva dichiarato di possedere «dichiarazioni di testimoni, superiori a qualsiasi eccezione [...] a carico di un deputato nostro collega».[1]

Istituita una commissione d'inchiesta, il primo a essere convocato era stato proprio l'ex garibaldino, il quale, con la sua spettacolare denuncia, aveva spaventato quanti, corrotti e corruttori, erano a vario titolo coinvolti nella vicenda dei tabacchi.

Dopo l'agguato, nel quale molti avevano visto la mano di un potere politico per niente interessato a fare luce sullo scandalo, il maggiore Lobbia si ritrova al centro di una vicenda kafkiana: viene accusato di essersi inventato l'attentato di via dell'Amorino per nascondere l'assoluta mancanza di prove a carico di Giuseppe Civinini [ex garibaldino, passato alla Destra] e degli altri personaggi da lui accusati.

«Quando gli restituiscono l'onore, [...] è ormai un uomo finito» scrive Gian Antonio Stella, autore di un documentatissimo libro sulla vicenda. «Un uomo, innamorato pazzo dell'Italia e tradito nelle sue speranze e nei suoi sogni, destinato a morire, a cinquant'anni, di crepacuore.»[2]

Anticipando i risultati di molte successive e inutili commissioni, quella sullo scandalo dei tabacchi si conclude nel 1869 con l'assoluzione di tutti gli indiziati; esattamente com'era successo con l'appalto per la costruzione delle ferrovie meridionali nel 1860; e come succederà con lo scandalo della Banca Romana nel 1893.

Anche a Reggio Calabria, mille chilometri più a sud, politica e malaffare si intrecciano in un contesto caratterizzato da estrema povertà: i braccianti sembrano «crocifissi di carne e ossa» e le donne, «impastatrici di liquirizia, sono peggio trattate che le schiave delle Antille».[3] L'agricoltura è in affanno, le aree produttive in calo e il commercio in stallo. Una deriva senza speranza.

La Calabria, in quegli anni, è una terra conosciuta «meno che la Prussia e la Svezia», come scrive la «Gazzetta Piemontese»: «Appena è noto il nome delle città principali bagnate dal mar Jonio».[4] Una regione priva di tutto, in mano a una classe dirigente parassitaria e inadeguata, interessata solo a proteggere i propri privilegi e a ritagliarsi, nel quadro di discutibili alleanze, un maggiore spazio di intervento e decisione.

Qualche mese prima dell'agguato al maggiore Lobbia, a Reggio Calabria, si vota per eleggere il Consiglio comunale, chiamato a varare il Piano regolatore e soprattutto a discutere l'annosa questione del Castello aragonese, considerato un corpo estraneo nel nuovo assetto urbanistico. C'è chi vuole demolirlo per far scomparire l'ultima testimonianza del dominio spagnolo e chi ritiene sia importante preservarlo per la sua rilevanza storica. Ci sarà poi da decidere sulla realizzazione della strada che dovrebbe congiungere Reggio a Cardeto, lungo il torrente Sant'Agata, e sulla costruzione del nuovo porto nella rada di Pentimele, oltre la foce dell'Annunziata. Ma lo scontro più che sul piano amministrativo si concentra su quello politico e, in particolare, sul revanscismo borbonico.

Da una parte c'è la Destra liberale e massonica, espressione della proprietà terriera; dall'altra, il movimento borbonico-clericale, che fa capo alla curia vescovile. È una lotta aspra e violenta che riguarda direttamente la costituzione del nuovo Stato nazionale. Già tre anni prima, con una comunicazione interna, il Comitato direttivo di vigilanza della Loggia «Domenico Romeo» di Reggio Calabria, dipendente del Grande Oriente d'Italia, aveva invitato a mettere da parte gli indugi e a non usare alcun riguardo nei confronti del partito borbonico-clericale che, a suo dire, aveva toccato «l'ultimo gradino degli umani pervertimenti». «Le nostre definizioni sono precise» si legge nel documento «e non comportano il fallace esperimento delle mezze misure. Colui che sgozzerebbe la patria per conto dello straniero è *parricida*. I preti sono anche peggio: avvegnacché si servono della religione per uccidere la patria. Noi quindi, per rigore di logica e per ragione di difesa, dobbiamo per ora dichiarare quanti sono quelli che cospirano *fuori di ogni legge morale*: e quando eglino osassero cimentarsi sul terreno dei fatti, noi non potremmo considerarli altrimenti che quali colpevoli *al bando delle leggi sociali.*»[5]

Lo scontro, che sembra inevitabile, sale di tono in occasione delle elezioni amministrative, in cui si teme una possibile vittoria dei nemici dell'unità nazionale. Il 19 agosto viene ferito in un agguato il medico Annunziato Paviglianiti, uno dei leader del fronte borbonico-clericale. Viene sfregiato con un rasoio, l'arma con cui solitamente, in quegli anni, i «camorristi» regolano i conti nelle taverne e nelle strade.

«Fazzoletto annodato al collo, solini piegati, cappellino tondo sotto le cui falde si vede il ciuffo dei bravi»,[6] il calzone a campana, cioè stretto alle gambe e cadente largo sulle scarpe, i camorristi reggini fanno capo a Francesco De Stefano di Giorgio e a Paolo Panzera di Filippo, entrambi originari di Sbarre-Spirito Santo.

De Stefano non è un «guappo» qualunque. Droghiere, è uno dei «principali sospetti in fatto di furti, di grassazioni, di contrabbando di merci e di smaltimento di biglietti falsi della Banca». Privato del porto d'armi, nel 1872 verrà ammonito come «maffioso e camorrista» e nel 1880 il suo indirizzo verrà rinvenuto tra alcune carte sequestrate all'anarchico-rivoluzionario internazionalista Andrea Costa e alla sua compagna Anna Kuliscioff.[7]

L'organizzazione criminale, già segnalata nel 1861 al ministro dell'Interno dal prefetto Raffaele Cassito, per il «modo deplorevole»[8] con cui infesta la città di Reggio Calabria, è conosciuta negli ambienti investigativi come «setta degli accoltellatori», comprendente anche malavitosi messinesi e in grado di dirimere questioni private e grane elettorali. Si addestrano all'uso del coltello e praticano la «tirata», una sorta di duello rusticano, simile a quello descritto da Marc Monnier nella sua inchiesta del 1862 sulla camorra napoletana.[9]

Nelle elezioni del 1869, gli «accoltellatori» di De Stefano, denominato «gran bastone», arrivano a intimidire politici e professionisti, assumendo atteggiamenti minacciosi davanti ai seggi e rendendosi protagonisti di brogli elettorali, tanto da costringere il prefetto Achille Serpieri a sciogliere il Consiglio comunale appena eletto.

Il 19 agosto di quell'anno, lo stesso Serpieri così motiva la decisione in una nota inviata al ministro dell'Interno Luigi Ferraris: «Le elezioni amministrative dovettero essere annullate per difetti che dimostrarono gare di partito, fino all'avere i componenti i seggi alterato lo stato delle urne coll'introdurvi schede false».[10]

A convincere il prefetto della necessità di annullare le elezioni amministrative è proprio lo sfregio ai danni di Paviglianiti, descritto come colui «che dirige le elezioni nel senso clericale il più assoluto e non senza porvi della passione». Al prefetto Serpieri, che va a fargli visita dopo il ferimento, Paviglianiti racconta di essere stato sfregiato quasi certamente per «grane elettorali», non essendo in «odio ad alcuno», né tantomeno coinvolto in «querele private».

A conferma della forza dell'organizzazione, per evitare l'arresto il presunto «accoltellatore», il ventiquattrenne Gaetano Papa, viene fatto espatriare clandestinamente ad Alessandria d'Egitto.[11]

Prima di Paviglianiti, la «setta degli accoltellatori» aveva aggredito il sindaco di Cardeto, Ferdinando Romeo, un piccolo proprietario terriero. La vicenda riguarda un vecchio contenzioso relativo al controllo delle acque irrigue in contrada San Francesco di Archi, che aveva visto come parte soccombente il potente barone Fabrizio Sacco. Punto nell'onore, Sacco si era rivolto a De Stefano per dare una lezione al rivale. La sera del 9 agosto, davanti alla farmacia Delfino, nel centro di Reggio Calabria, il messinese Giovanni Falsone gli aveva quindi aperto uno squarcio sul viso con un affilatissimo rasoio, per convincerlo a scendere a più miti consigli con il barone Sacco.[12]

In un'altra circostanza, poi, a essere «assalito con rumorosa villanìa e con minacce sulla via più frequentata della Città» era stato il deputato democratico, Francesco Saverio Vollaro. A ferirlo, per una non meglio precisata falsificazione di assegni bancari, era stato un certo Gabriele La Cava, anch'egli sospettato di legami con gli «accoltellatori» di De Stefano e Panzera.[13]

Nella sua relazione, il prefetto Serpieri traccia un quadro dettagliato della situazione politica locale, soffermandosi sulla scissione durante quella campagna elettorale della Destra liberale: «Vi è quelli che non rifuggono anche dal disordine e si danno arme di repubblicani, [i quali] sono riusciti o con intimidazioni o con insinuazioni a chiamare a sé anche molti liberali inetti per non far trionfare i clericali e quindi la lotta elettorale ha preso un aspetto più deciso e più vivo del consueto, mentre i migliori liberali votarono piuttosto coi clericali per candidati degni di fiducia e non tendenti in politica verso alcun estremo. Questa decimazione delle parti e questo pregio del partito liberale ha ingenerato situazioni vivissime e grane personali molto pronunciate, tanto più che per l'annullamento delle elezioni si deve di nuovo risolvere la questione all'urna».

Più esplicita la ricostruzione del giornale satirico «Il Martello» che nell'edizione del 29 luglio paragona le urne a una bottega dove si compra e si vende di tutto: «I clericali aspettavano sicuramente la vittoria ed avrebbero vinto pienamente, se verso l'ora tarda non fossero corsi molti a dare il voto, quando s'affacciava l'uragano clericale».[14]

Vengono eletti consiglieri comunali Domenico Spanò Bolani con 317 voti, Paolo Vita (265), Ferdinando Scappatura (239), Francesco Muratori (235), Bruno Rossi (187), Eugenio Foti (162), Giuseppe De Benedetto (154), Gennaro Giuffrè (143) e Gioacchino Ferro (135).[15] Il sindaco è Francesco Mantica, anch'egli iscritto alla Loggia «Domenico Romeo» e legato alla Destra liberale e fondiaria.

Quello basato sulla compravendita dei voti e sul condizionamento mafioso è un sistema utilizzato anche in altre città, come osserva nel 1874 il prefetto di Napoli, Antonio Mordini, sollecitando provvedimenti contro la camorra che continua a imporsi sempre più nei comizi «a favore di un candidato o di un altro».[16] Tre anni dopo, è il «Corriere della Sera» a denunciare l'invadenza della malavita organizzata nelle contese politiche. «Il camorrista ripulito» scrive il quotidiano milanese, «è diventato elettore [...] chi vive qui, sa quale corrente sono andati ad ingrossare i rivoli più impuri dei nostri collegi elettorali.»[17]

L'uso della forza nella lotta politica, in quegli anni, è un fatto quasi normale. Gli 'ndranghetisti della prima ora sono gente tutt'altro che da evitare o tenere a distanza. Molte persone perbene ritengono utile averci a che fare, come ricorderà molto dopo anche Corrado Alvaro, raccontando che a San Luca, suo paese natale, nessuno riteneva sconveniente accompagnarsi con gli 'ndranghetisti che «formavano ormai uno degli aspetti della classe dirigente».[18]

Il consenso viene da subito gestito attraverso meccanismi clientelari che rendono più salde le posizioni dei pochi notabili. Scrive Vittorio Cappelli: «I deputati calabresi, al di là delle distinzioni tra Destra e Sinistra, rappresentano globalmente gli interessi della grande proprietà terriera. [...] Il prezzo che i proprietari chiedono al nuovo Stato unitario, in cambio della propria subalternità politica, è in primo luogo la fine della guerra sociale».[19]

Quello dei notabili è un ceto reazionario: si preoccupa di garantire, più di ogni altra cosa, la conservazione dell'ordine politico e sociale esistente, schiacciando le fasce più deboli in una condizione di subalternità assoluta. Per esempio, Donato Morelli, eletto nel cosentino, è rapidissimo a etichettare i moti contadini come manifestazioni di brigantaggio. È lui a spegnere le speranze suscitate da Garibaldi con il proclama di Rogliano, che avrebbe dovuto garantire alle popolazioni dei casali cosentini l'uso dei demani silani. Appena eletto governatore, Morelli, non a caso, chiarisce: «Resta vietata ogni novità di fatto, anche sui pascoli, in attesa dei nuovi regolamenti che saranno emessi».

Un altro deputato calabrese, l'ex colonnello garibaldino Giuseppe Pace, va addirittura a reprimere il brigantaggio nella vicina Basilicata. Quei «crocifissi di carne e ossa» descritti da Padula continuano a restare senza voce, come i contadini angariati di Rocco Scotellaro e i cafoni assetati di Ignazio Silone.

La Calabria di quegli anni è una realtà prevalentemente povera. A Cosenza come nelle altre province. Scrive Antonella Coco: «La vita della popolazione reggina era caratterizzata da un lato dalle esistenze dei nobili e dei notabili e dall'altro da quelle del proletariato analfabeta ed emarginato. I mendicanti erano tantissimi e il sottoproletariato costituiva la maggior parte della popolazione. Secondo le statistiche del tempo, vi erano, poi, i possidenti, gli "impiegati ad arti liberali", i religiosi, i contadini, i marinai e i pescatori, gli "artisti e i domestici". La povertà assumeva un volto urbano [...] Nel centro abitato, che portava con sé ancora le ferite del terremoto del 1783, accanto ai vetusti palazzi dei "galantuomini" vi erano le "abitazioni fatiscenti del proletariato". [...] Le aree più centrali, che ospitavano gli edifici pubblici e le residenze delle classi più abbienti, si distinguevano, inoltre, da quelle più periferiche in cui gli abitanti, perlopiù gruppi di immigrati dai paesi circostanti, risiedevano in precarie condizioni abitative».[20]

È una povertà che non passa inosservata, come racconta una donna napoletana durante un viaggio in Calabria, due anni dopo l'avvento al governo della Sinistra storica, cioè degli eredi politici di Garibaldi e Mazzini, guidati ora da Agostino Depretis. «Avevo vista la miseria che opprime la plebe di Napoli, sapevo che in Calabria v'era allora carestia» scrive in una lettera pubblicata sul quotidiano di Trieste, «Il Piccolo». «Ma ciò che io vidi passò ogni immaginazione. Le facce sparute erano tali che i poeti e i pittori non potrebbero descriverle. Ma quello che non uscirà mai più dalla mia memoria, si è l'avere visto gruppi di uomini e di donne sotto le case, aspettando che s'aprisse una finestra, e si gettassero nella via le bucce della frutta, che essi divoravano con un'avidità indicibile. Mangiavano tutta la buccia del popone e del cocomero come un cibo delizioso. E in questo modo si tenevano in vita.»[21]

La politica finanziaria dei governi della Destra storica aveva provocato un profondo malcontento tra i ceti meno abbienti, costretti a versare lacrime e sangue per conseguire il pareggio di bilancio. Le nuove sfide sono la lotta contro l'analfabetismo, l'abolizione dell'odiosa tassa sul macinato e la riforma elettorale. C'è però da fare i conti con un altro problema: il trasformismo che porta a costituire maggioranze diverse a seconda della legge da approvare, con scambi di favori, non sempre puliti, tra governo e parlamentari. La corruzione dilaga e la criminalità mafiosa finisce per godere di «un'informale legittimazione»: i boss fanno confluire voti sui candidati compiacenti in cambio di libertà sia negli affari che nelle attività delittuose.

Con la riforma elettorale che nel 1882 allarga la base del suffragio, portando gli elettori da seicentomila (2,2 per cento) a due milioni (6,9 per cento),[22] l'influenza della malavita organizzata diventa sempre più forte.

La politica rimane legata agli interessi del potentato fondiario, il quale, anche grazie alla 'ndrangheta, mantiene il dominio sui ceti popolari. Le taverne sono luoghi d'incontro, fonte di reddito, ma anche centri di diffusione dell'informazione politica. Spesso le attenzioni di una prostituta o qualche bicchiere di vino bastano per condizionare il voto di un elettore.

Intanto anche la Calabria comincia a sentire gli effetti della grande depressione che dal 1873 sferza l'Europa. Per primo entra in crisi il settore cerealicolo, a causa della concorrenza del grano russo e americano. A seguire tutto il comparto agrumario, olivicolo e vitivinicolo, quest'ultimo fortemente danneggiato dalla fillossera. Molti lasciano la Calabria per inseguire il sogno americano. Cresce il mutualismo, con la costituzione di numerose aggregazioni di solidarietà sociale, al cui modello si ispira anche la 'ndrangheta che si presenta come «società di mutuo soccorso» con tassa di iscrizione e quota mensile. È il periodo di maggiore visibilità di questa malapianta, almeno in Calabria.

Nel 1884, il prefetto di Reggio, Giorgio Tamajo, segnala al ministro dell'Interno l'esistenza di un «nucleo di mafiosi e camorristi» che si è imposto alla piazza di quel capoluogo; presenza che diventa sempre più preoccupante nel 1886, anno in cui il nuovo prefetto, Alfonso Gentili, richiama l'attenzione del governo sulla necessità di adottare misure amministrative e giudiziarie per spezzare «le file delle criminose associazioni della maffia».[23] In quello stesso anno, il settimanale «La Patria» denuncia l'«untume» rappresentato da «camorristi» e «ammoniti» che fanno comunella con i candidati dei vari schieramenti, pronti ad accusarsi a vicenda per le continue «transazioni con gente di equivoca rispettabilità».[24] Quegli «esseri dall'opera obliqua», come li definisce lo stesso giornale distribuito in quegli anni a Reggio Calabria e provincia, «non fanno difetto in un partito e nell'altro e nelle loro riunioni si mostrano orgogliosi».[25] Sono gli anni in cui la 'ndrangheta dimostra di non fare discriminazioni ideologiche di alcun genere e di mettersi sempre al servizio del miglior offerente. In cambio, ai maggiorenti dei vari paesi, chiede attestati di benemerenza per evitare le misure di prevenzione (ammonizione e domicilio coatto) e per ottenere il porto d'armi.

È una 'ndrangheta che comincia a dotarsi di una struttura molto simile a quella attuale, basata su due livelli, la società maggiore e la società minore, come scoprono nel 1890 i reali carabinieri di Reggio Calabria indagando su un'associazione a delinquere guidata dal sarto Paolo Scudieri.[26]

Nello stesso periodo, a Palmi, Francesco Mancuso, amministratore e direttore del settimanale «La Luce», viene accusato di avere legami con la malavita locale. In un rapporto del prefetto di Reggio Calabria si fa riferimento ai precedenti penali e alle due denunce per l'ammonizione giudiziaria del giornalista, considerato «camorrista» da tutti «gli ordini dei cittadini».

Nel 1896 è il «Calopinace», settimanale di tendenza democratica, a denunciare le continue ingerenze di mafiosi e ammoniti nelle elezioni politiche: «Forse non è vero che tutta la notte fra il sabato e la domenica, giorno della votazione, si fecero per intimidazione passeggiare circa trenta persone, per la città di Reggio Calabria fra ammoniti, mafiosi e caprai, che all'indomani vestiti a nuovo in vettura giravano trionfalmente per la città?» si chiede il giornale.[27]

A Reggio Calabria Luigi De Blasio viene eletto sindaco della città. A Bagnara si conferma Francesco Saverio Vollaro. Tornano in Parlamento anche Luigi Miceli, Giovanni Nicotera, Achille Fazzari, Alfonso Lucifero e Pietro Toscano. Su 2.420.327 elettori votano 1.415.801, il 58,5 per cento degli aventi diritto. Entrano in Parlamento 292 deputati ministeriali, 25 della sinistra dissidente, 145 pentarchici, 44 radicali. È la legislatura che segna il passaggio dai governi Depretis a quelli guidati dal siciliano Francesco Crispi, difensore spietato dei vecchi assetti proprietari e produttivi del Mezzogiorno.

In Calabria sono ancora anni economicamente difficili, anche a causa dell'«esorbitante incrudelire del fisco»,[28] in una terra che continua a svuotarsi. Si parte soprattutto dalle zone montuose, dove più diffusa e dolorosa è la miseria. Le zone pianeggianti che danno maggiore contributo all'esodo calabrese sono quelle malariche. Si emigra con più frequenza dai piccoli centri abitati e a partire di più sono gli uomini di età compresa fra i quindici e i quaranta anni; sono prevalentemente contadini, pastori e boscaioli.

La 'ndrangheta sfrutta anche la disperazione dei senza lavoro. Francesco Catanzariti, che nei primi anni del Novecento sarà condannato per associazione a delinquere a Catanzaro, diventa uno dei più potenti reclutatori di manodopera a basso costo da destinare alle Americhe.

Niente avviene al di fuori del controllo della 'ndrangheta, neanche oltreoceano: alloggio, lavoro, apertura di piccoli commerci. «Appena arrivati» scrive il «Corriere della Sera» in una corrispondenza da New York, «cascano in mano della camorra o della mafia, secondo il luogo di loro provenienza. Coteste due arpie del nostro disgraziato paese, qui fioriscono meglio che in Italia, perché qui si raccolgono i soggetti peggiori fra i caporioni, quelli che, se fossero in Italia, dovrebbero stare in prigione a scontare qualche condanna.»[29] Una malapratica che persiste nel tempo. Ancora oggi i più spietati caporali nello sfruttamento della manodopera extracomunitaria in Calabria sono legati alla 'ndrangheta.

Le cose non cambiano neanche con l'arrivo del nuovo secolo che si apre con due omicidi eccellenti, quelli del re Umberto I e del presidente degli Stati Uniti, William McKinley, entrambi uccisi per mano di anarchici. Cresce il malcontento popolare contro l'aumento del prezzo del pane e il pagamento della fondiaria o del focatico. In Calabria c'è chi protesta anche per il mancato ampliamento dell'elenco dei poveri che dà accesso all'assistenza medica gratuita. Nelle numerose rivolte popolari, tantissimi contadini, alcuni anche minorenni, muoiono sotto i colpi dei moschetti scaricati sulla folla dai reali carabinieri.

A differenza delle nazioni civilmente più avanzate, che prediligono la strada delle riforme, la classe dirigente italiana sceglie quella della repressione: è spaventata dalle manifestazioni collettive di protesta ed è convinta di trovarsi di fronte a complotti sovversivi in grado di mettere in discussione la sopravvivenza stessa dello Stato. Molte rivolte popolari, come quelle dei Fasci siciliani, vengono soffocate nel sangue; e i mafiosi affiancano le fucilerie dell'esercito regio e sparano contro le masse che cercano di proporre sistemi alternativi all'odiosa e insostenibile mezzadria.

Chi non riesce a emigrare continua a piegare la testa, a subire senza possibilità di riscatto. Ricorda Antonio Margariti, originario di Ferruzzano e autore di un romanzo dal titolo *America! America!*: «I giovani di quelli paesi non avevano nessuna via d'uscita [...] male vestiti si facevano crescere i capelli e scendere un giuffu di capelle al fronte agl'occhi e il baretto sull'orecchio [...] in quei tempe e in quello paese non sempre valeva la raggione quello che prevaleva di più la forza bestiale cioè il bastone. L'uomo più evoluto era quello più capace di dare bastonati».[30]

Il potere municipale in Calabria, invece, continua a rimanere quasi interamente nelle mani di proprietari terrieri e di liberi professionisti, soprattutto avvocati, «i quali si fanno in gran parte mediatori degli interessi della proprietà presso un mondo contadino, pastorale ed operaio, quasi interamente escluso dai municipi».[31]

Imperversa il giolittismo. Scrive Sharo Gambino: «[In Calabria] si mercanteggiava impunemente il voto persino sotto gli occhi del presidente del seggio elettorale, alla presenza di questurini e guardie e nelle stesse sezioni di votazione. [...] Si sistemavano sale elettorali ed urne in maniera da consentire un comodo maneggio delle schede (toglierne all'avversario e aggiungerne a volontà – a «coppino» al favorito), facendo bastonare, o al minimo costringendo ad allontanarsi dal seggio, quel rappresentante non disposto a rendersi complice della truffa. Alla vigilia delle votazioni i paesi in mano a un Consiglio comunale di parte ministeriale venivano messi in stato di assedio da squadre formate da elettori governativi, poliziotti in borghese e mafiosi che costringevano gli elettori avversari a starsene chiusi in casa fino a dopo il risultato definitivo; chiudevano i comitati elettorali contrari; sequestravano gli elettori di cui non erano sicuri, per accompagnarli poi al momento giusto alla sala delle votazioni con la scheda in mano e ben visibile il nome del votato».[32]

Nel suo libro, Gambino cita due telegrammi del ministro dell'Interno Giovanni Giolitti ai prefetti calabresi, che fanno comprendere l'uso sfacciatamente di parte dei funzionari governativi. L'8 giugno 1902, in una lettera al prefetto di Cosenza, Giolitti così scrive: «Mi consta che il sottoprefetto di Paola Davico si è messo interamente al servizio del partito di opposizione al governo. Lo chiami e gli dichiari che se continuerà per tale via lo retrocederò immediatamente al posto di Consigliere destinandolo alla peggiore residenza. Non tollero i traditori». E poche settimane dopo lo stesso Giolitti minaccia di collocare a riposo il prefetto di Reggio Calabria, che si era dimostrato duro nei confronti del presidente della deputazione provinciale «per giovare a partito politico ostile al governo».[33]

Sono gli anni in cui, come denuncia Gaetano Salvemini, Giolitti «approfitta delle miserevoli condizioni del Mezzogiorno per legare a sé la massa dei deputati meridionali: [...] mette, nelle elezioni, al loro servizio la malavita e la questura; assicura ad essi e ai loro clienti la più incondizionata impunità; lascia che cadano in prescrizione i processi elettorali e interviene con amnistie al momento opportuno; premia i colpevoli con decorazioni; non punisce mai i delegati delinquenti».[34] I prefetti non hanno più nulla della distanza culturale ostentata vent'anni prima e sono totalmente immersi nella violenta gestione delle lotte elettorali.

Osserva Vittorio Cappelli: «Nel 1904 la deputazione e il Consiglio provinciale di Reggio Calabria si schierano compatti col presidente [avv. Francesco] Carlizzi, costringendolo a ritirare le dimissioni, anche quando la magistratura ha appurato e punito i brogli elettorali del 1902, dimostrando che a Laureana di Borrello il delegato di Pubblica Sicurezza aveva addirittura sequestrato gli elettori "dissenzienti" arrestandoli e impedendo loro di votare (prassi in quegli anni non infrequente)».[35] Nel 1905, a Paola, è invece il prefetto di Catanzaro a cestinare una circostanziata denuncia contro l'ex deputato Enrico De Seta, il quale, durante le elezioni per il Consiglio provinciale, viene accusato di aver comprato circa mille voti a venticinque lire ciascuno.[36]

Collusioni tra amministratori locali e malavitosi vengono scoperte in molti paesi. A Maropati la 'ndrangheta semina terrore nella popolazione, «fino al punto di imporsi alla locale amministrazione comunale»;[37] mentre nel distretto di Gerace il voto viene «rastrellato da alcuni boss e venduto o comprato quasi a base d'asta».[38] Si arriva a pagare anche mille lire per un solo voto.[39]

Anche Enrico Morselli e Santo De Sanctis, autori di una biografia sul bandito Giuseppe Musolino pubblicata nel 1903, rilevano il crescente intreccio tra picciotti e politici: «Nelle elezioni di qualunque specie, non escluse le parlamentari» scrivono, «agisce la occulta influenza delle fazioni locali e peggio ancora quella obbrobriosa della picciotteria».[40] Picciotteria è il nome con cui viene definita la 'ndrangheta a cavallo tra i due secoli. La definizione attuale comincia a farsi strada negli atti giudiziari e sui giornali solo alla fine degli anni Venti, anche se nel 1909, nella versione «'ndranghiti» come sinonimo di balordi, era già finita nel *Vocabolario dialettale calabro-reggino*, curato da Giovanni Malara.[41]

Prestigio del casato, ricchezza terriera, ampiezza delle alleanze familiari e parentali costituiscono le basi per l'elezione al Parlamento. In quegli anni la corruzione dilaga anche negli ambienti giudiziari. Nel 1906 dalla cancelleria del tribunale di Reggio Calabria scompaiono «alcuni documenti che avrebbero dovuto formare la base di tutta l'accusa contro 28 imputati di associazione a delinquere». Dallo stesso tribunale, qualche anno prima, era sparita una lettera scritta in gergo malavitoso e sequestrata in un corridoio delle carceri: era determinante per condannare alcuni imputati del luogo.[42]

Nonostante tutto, la 'ndrangheta continua a non fare notizia e a essere sottovalutata anche dai magistrati più importanti. Nel 1906 Lorenzo Ernesto Repollini, sostituto procuratore generale del Re presso la Corte d'appello di Catanzaro, nella relazione per l'inaugurazione dell'anno giudiziario, la definisce un fenomeno criminoso non troppo inquietante, «giacché, se diede non pochi fastidi alla polizia, che nel perseguitarla e scoprirla spiegò lodevole attività, non produsse a dire il vero quelle terribili manifestazioni della delinquenza associata che spaventano le popolazioni, compromettono seriamente l'ordine pubblico e preoccupano il governo».[43] Una sottovalutazione che, per oltre un secolo, porterà la 'ndrangheta a essere considerata alla stregua di una mafia stracciona, predatoria e cenciosa, poco importante e meno pericolosa di camorra e Cosa nostra.

Il caso Bardonecchia

Passano 126 anni dalla vicenda degli «accoltellatori» di Reggio Calabria e la 'ndrangheta riproduce gli stessi modelli in Val di Susa, in Piemonte, al confine con la Francia, dove viene sciolto il Consiglio comunale di Bardonecchia. È una decisione senza precedenti, la prima nel Nord dall'entrata in vigore nel 1991 della legge che consente l'azzeramento dei Consigli comunali per infiltrazioni mafiose.

«La cattiva fama che la cittadina dell'Alta Valle di Susa si porta dietro da oltre un ventennio, tuttavia, non è una novità, sebbene in quei giorni di primavera del '95 a Bardonecchia si cerchi di minimizzare e si finga persino stupore per il provvedimento adottato dal Quirinale» scrive Massimo Novelli su «la Repubblica».[44]

Nel 1995 è ancora una volta lo stupore a fare da sfondo a una vicenda che ruota attorno a una serie di appalti per la costruzione di case e alberghi a Campo Smith, una zona donata al comune di Bardonecchia al volgere del secolo, con l'esplicita clausola di destinazione a parco pubblico e per un tempo indefinito.

Il nome è legato all'impresa dei due fratelli norvegesi, Harald e Trigwe Smith, che nel 1909 avevano battuto il record mondiale dal trampolino con un salto di 44 metri proprio a Bardonecchia, già allora apprezzata località turistica, frequentata anche dal presidente del Consiglio dei ministri del tempo, Giovanni Giolitti.

Ceduta a un prezzo di gran lunga inferiore rispetto al valore di mercato, la zona Smith, negli anni Novanta, viene trasformata in zona residenziale. A seguito di un'inchiesta, vengono arrestati il sindaco e alcuni funzionari comunali con l'accusa di speculazione edilizia, varianti ingiustificate al piano regolatore generale e vendita sottocosto di terreni. Dopo l'arresto, per manifestare solidarietà al sindaco e ai burocrati finiti in manette, scendono in piazza uomini di Chiesa ed esponenti politici di destra e di sinistra. Al processo di appello, amministratori e funzionari comunali vengono prosciolti e in parte risarciti per l'entrata in vigore di una nuova legge che modifica i criteri della valutazione dei terreni e che di fatto porta a sottostimarli.[45]

Eppure già negli anni Settanta le avvisaglie sulle infiltrazioni della 'ndrangheta nel settore edilizio erano emerse durante un sopralluogo effettuato proprio a Bardonecchia da un gruppo di parlamentari guidati da Pio La Torre per conto della Commissione parlamentare d'inchiesta sulla mafia.

La Torre e gli altri parlamentari avevano rilevato come il fenomeno consistesse sostanzialmente «nell'azione di reclutamento di manodopera meridionale [...] fatta affluire ed avviata al lavoro da personaggi meridionali anch'essi, giunti da tempo in provincia di Torino e qui sistematisi». Avevano sottolineato anche come l'avviamento al lavoro avvenisse «senza il regolare passaggio attraverso gli uffici di collocamento e quindi con evasione dei contributi antinfortunistici e previdenziali», denunciando la trattenuta delle percentuali sui guadagni dei lavoratori, «spesso accompagnata, come è stato dato di accertare, da pressioni e intimidazioni di vario tipo».[46]

La Torre e gli altri deputati avevano inoltre denunciato l'esistenza a Bardonecchia di un vero clan mafioso – con a capo i cugini Vincenzo e Francesco Mazzaferro – coinvolto in molti casi di speculazione edilizia e negli appalti per la realizzazione dell'autostrada del Frejus. In quelle carte rimaste per lungo tempo chiuse in un cassetto, i parlamentari guidati da Pio La Torre avevano menzionato anche il nome di Rocco Lo Presti, legato ai Mazzaferro e come loro originario di Gioiosa Ionica, nella Locride. Lo Presti rispunterà solo vent'anni dopo nell'inchiesta per la speculazione edilizia di Campo Smith.

La sua è una delle tante storie che non ha nulla a che vedere con il soggiorno obbligato dei mafiosi inviati al Nord dallo Stato. «Ai tempi del boom edilizio degli anni Sessanta» scrive Federico Varese nel suo libro *Mafie in movimento*, «Lo Presti era diventato il principale fornitore abusivo di manodopera a buon mercato nella zona e aveva attirato a Bardonecchia imprese di costruzioni dalla Calabria. Possedeva egli stesso diverse imprese, con le quali otteneva subappalti per vie illegali, specie per lavori di intonacatura e riquadratura.»[47]

A metà degli anni Settanta, era già tanto potente da poter fare la voce grossa: prima sfida il sindaco Mario Corini, che non aveva accettato il suo sostegno politico; e poi appoggia la lista avversaria che nel 1979 vince le elezioni.

In una telefonata, intercettata dalla polizia, sostiene di controllare cinquecento voti e di poter influenzare l'esito elettorale, tenendo in pugno la maggioranza del Consiglio comunale. «... noi non abbiamo mai perso [un'elezione]»,dice a un consigliere comunale. E a un giornalista che lo contatta durante la campagna elettorale, dichiara: «Nessuna giunta [a Bardonecchia] viene eletta contro il parere dei meridionali. Le posso dire che non ho bisogno di dire ai miei amici cosa devono votare. Conoscono le mie idee e, se mi vogliono bene, sanno a chi dare il voto».[48]

Nel decreto di scioglimento del Consiglio comunale di Bardonecchia nel 1995, il ministro dell'Interno Antonio Brancaccio segnala l'esistenza di «un vero e proprio comitato di affari» che, soprattutto in materia edilizia e urbanistica, si mostra capace di influenzare le scelte e le attività degli organi del comune.

Molti fingono di stupirsi. Ma dopo lo scioglimento del Consiglio comunale, in città cambia poco o nulla. Nelle elezioni del 1996 la lista a sostegno del sindaco che guidava il Consiglio comunale sciolto per mafia ottiene il 70 per cento dei voti, dopo aver incentrato la campagna elettorale sul tema della «continuità» e potendo contare sull'appoggio sia del Partito democratico, a sinistra, sia dei partiti di destra. Quattro dei nuovi eletti, tra cui il nuovo sindaco, facevano parte del Consiglio comunale sciolto per infiltrazione mafiosa.

Nel 2009, poche ore prima di morire, Lo Presti viene condannato per associazione mafiosa. In carcere rimane solo un giorno. Ha il diabete, il cuore indebolito da un infarto, gli occhi opachi, ma la tracotanza di sempre, quella che lo aveva portato «a scalare i gradini della carriera criminale sgusciando indenne tra un processo e l'altro, in grado di conquistare potere, abile nel riuscire a costruirsi una robusta posizione economica grazie a ottimi agganci e soldi guadagnati male».[49]

L'anno dopo, nel 2010, muore anche Corini, il sindaco antimafia di Bardonecchia. Annota ancora Varese: «Mentre la morte di Lo Presti ebbe una vasta eco sui giornali (compreso un articolo a tutta pagina sulla "Stampa"), nel caso di Corini furono pubblicati solo due trafiletti su fogli della Val di Susa a diffusione locale. Uno degli articoli non menziona neppure i suoi sforzi contro la criminalità e lo descrive come un uomo che, nel "bene e nel male", ha lasciato un segno nella comunità. Il suo impegno è oggi largamente dimenticato».[50]

Diciotto anni dopo, primo caso in Lombardia, viene sciolto il Consiglio comunale di Sedriano, in provincia di Milano, in un contesto in cui la 'ndrangheta mostra, ancora una volta, la propria capacità «di intessere profonde relazioni con la cosiddetta zona grigia, ossia con quell'area istituzionale fortemente articolata dove operano, a vario titolo e responsabilità, accanto a soggetti economici, siano essi vessati o collusi, anche devianze dell'apparato amministrativo e burocratico, statale e locale».[51]

In Lombardia, l'intreccio tra alcuni amministratori pubblici ed esponenti delle consorterie malavitose non è diverso da quello che ha sempre caratterizzato i rapporti tra 'ndrangheta e politica in Calabria. Si tratta di un'intesa, come si legge nel decreto di scioglimento del Consiglio comunale di Sedriano pubblicato sulla Gazzetta Ufficiale, «finalizzata ad assicurare ai primi [cioè agli amministratori pubblici] l'appoggio elettorale delle organizzazioni localmente dominanti, in cambio di benefici non solo economici».

L'organizzazione localmente dominante è la 'ndrangheta, che espone «l'amministrazione a pressanti condizionamenti, compromettendo il buon andamento e l'imparzialità dell'attività comunale». Nel decreto, si legge ancora: «... emblematica è la posizione di un consigliere comunale, eletto nella stessa lista del sindaco. Il predetto amministratore è legato da uno stretto rapporto di parentela a un elemento di spicco della 'ndrangheta, in favore del quale il primo cittadino ha garantito il proprio interessamento in relazione a investimenti sul territorio e in vista dell'affidamento di appalti pubblici».

Gli anticorpi sociali e culturali si dimostrano insufficienti. A prevalere è l'«intreccio politico-affaristico connotato da un consolidato rapporto di mutuo soccorso e da interrelazioni economiche e personali tra esponenti della malavita organizzata, soggetti privati e amministratori pubblici». È, insomma, una 'ndrangheta che, assurta al ruolo di «holding mondiale del crimine», semina più tossine nell'economia che cadaveri nelle strade.[52] Tanti fingono di non capire, molti altri continuano a stupirsi.

II

Il terremoto del 1908

Sono le 5,20 di lunedì 28 dicembre 1908 quando un terribile terremoto divora Messina, Reggio Calabria e i paesini distribuiti lungo lo Stretto, uccidendo nel sonno non meno di centomila persone. Un flagello ancora più pesante rispetto alle catastrofi naturali che hanno insanguinato la Calabria nel 1905 e nel 1907, colpendo in particolare le province di Catanzaro e Cosenza.

Dopo aver visitato Messina, accompagnato dalla regina Elena e dai ministri Vittorio Emanuele Orlando, Carlo Mirabello e Pietro Bertolini, alle 15 del 30 dicembre il re Vittorio Emanuele III arriva a Reggio Calabria, una città sventrata da capo a fondo, avvolta da un lezzo mortale. «Haiu siti» [«Ho sete»] gridano i superstiti attendati sulla spiaggia con la bocca piena di terriccio. C'è chi vuole bere e chi vuole morire. Piove, fa freddo. Non c'è acqua, né cibo. Si ruba qua e là un pezzo di pane. I cadaveri sono ovunque, mentre il mare è una distesa di rottami galleggianti.

Danni e morti anche in altre cittadine della provincia di Reggio, tra cui Bagnara e Palmi. Non ci sono organizzazioni equivalenti alla Protezione civile e i soccorsi arrivano con molto ritardo, lasciando la popolazione in condizioni disastrose: persone intrappolate tra le macerie, feriti senza aiuto, famiglie senza più nulla. Tra ritardi, proteste e polemiche, vengono stanziati a più riprese quasi centonovanta milioni di lire e viene garantita una riduzione del 30 per cento dell'imposta su terreni e fabbricati rurali.

È l'inizio della dipendenza della classe dirigente locale dal potere centrale, «una sorta di istituzionalizzazione del sottosviluppo meridionale» con «la borghesia agraria che accentua la natura parassitaria del suo dominio, protetta dal sostegno militare offerto da Giolitti in cambio di una incondizionata fedeltà politica e contro la minaccia endemica della reazione popolare».[1] Scrive Cappelli: «... non è azzardato suggerire la somiglianza anticipatrice di un simile scenario rispetto a quanto accadrà negli anni Cinquanta con l'istituzione della Cassa per il Mezzogiorno».[2]

La legge Pro Calabria del 1905 e le successive integrazioni, a seguito di altre calamità naturali, finiscono per incattivire gli scontri «intorno alla distribuzione e all'uso del denaro pubblico, vivacizzato da una nuova presenza: quella degli americani di ritorno che si inseriscono nella comunità d'origine, collocandosi in uno spazio egualmente distante – economicamente e culturalmente – dalle classi subalterne e dagli antichi e odiati galantuomini».[3]

Reggio e Messina presto si trasformano in enormi baraccopoli, interi quartieri costruiti con il legno e il metallo inviati dalle altre regioni italiane, ma anche dall'America, dalla Svizzera, dalla Germania. «Alcune di quelle baracche lì sarebbero rimaste fino al 1980, vale a dire oltre settant'anni dopo il terremoto» scrive Matteo Collura, in un saggio che ricostruisce gli eventi più significativi del Novecento.[4]

La baraccopoli di Reggio Calabria è divisa in quartieri con costruzioni di fogge diverse da luogo a luogo, simili a quelle descritte da Natalino Lanucara in *Città delle corti*, il libro che racconta le vicende del dopo terremoto, caratterizzate dal ritorno degli «indesiderati», i boss della 'ndrangheta che si erano addestrati nelle fila di quell'organizzazione criminale definita «Mano nera» dai giornali dell'epoca.

Tra tanti calabresi onesti, torna a Reggio Calabria anche il cugino del noto bandito Giuseppe Musolino, Francesco Filastò, il quale, grazie a molti intrallazzi e a un'azienda per l'importazione di vino italiano, aveva fatto fortuna fino a diventare uno dei boss più potenti di New York.

I primi segnali si erano avuti nel 1905 con il sequestro di un pizzino nel carcere di Reggio Calabria, in cui si fa riferimento alla promozione a camorrista di un certo Vincenzo Laface, già picciotto in America. Nel biglietto, finito nelle mani di una guardia carceraria, l'affiliato Antonio Caridi chiedeva al Capo Società, anch'egli detenuto, se le doti acquisite oltreoceano avessero valore anche in Calabria, lasciando intendere la diversità di giudizio tra i boss di Reggio e quelli di Palmi.[5]

Il ritorno degli americani, comunque, non passa inosservato. Quelli più importanti, oltre a Filastò, sono Giovanni «Vanni» Costa di Gallico, Eduardo Bueti di Solano e Antonio Sacco di Podargoni. Hanno soldi, prestigio e forza militare. E in poco tempo intrecciano rapporti con la classe dirigente del tempo.

Come in *Città delle corti,* a Reggio Calabria la Banda degli Americani comincia a chiedere la mazzetta, a «rialzare» – cioè affiliare – nuovi picciotti, e a partecipare alla riunione annuale di Polsi, dove ogni anno si riuniscono i capibastone della 'ndrangheta.

La presenza di boss e picciotti si nota anche nella gestione degli appalti per la ricostruzione di Reggio e dintorni, in cui sfruttano «nella direzione del profitto le esperienze di contatti col mondo politico sperimentati durante il decennio precedente».[6]

Scrive Rossana Sicilia: «Compariva, insomma, all'orizzonte mafioso un nuovo modo di atteggiarsi e di incidere sulla vita delle comunità di appartenenza, che non riguardava più esclusivamente il sociale, ma anche la sfera economica attraverso la scelta di un rapido arricchimento e i contatti, funzionali a quest'ultimo obiettivo, con il mondo della politica».[7]

Votano per chi li protegge, per chi li aiuta a entrare nel

giro degli appalti e dei subappalti. Riflettendo sulla situazione di alcuni comuni della Calabria, Cappelli mette in evidenza la «sfacciata privatizzazione dei soccorsi pubblici dopo i terremoti». Scrive: «Se si osserva la vita municipale di quel periodo nell'intera Calabria, si avverte dappertutto un clima di violenza che il flusso di denaro pubblico sembra moltiplicare».[8]

A Santo Stefano d'Aspromonte, i Filastò sostengono il sindaco Aurelio Romeo, discendente dell'omonima famiglia che aveva guidato la rivolta antiborbonica del 1847-48 e il movimento garibaldino del 1860. Romeo fa capo all'ex deputato ed ex sindaco di Reggio Calabria, Demetrio Tripepi, conservatore.

Il rivale di Romeo è il notaio Francesco Fava, ex sindaco e sostenitore dell'avvocato Biagio Camagna, che rappresenta il ceto piccolo borghese.

In occasione delle elezioni amministrative del 1908, con un esposto inviato al prefetto – non senza possibili forzature, vista la rivalità politica – Fava denuncia l'ingerenza della 'ndrangheta a Santo Stefano:[9]

> L'amministrazione [comunale] presentendo la sua caduta non lascia mezzo alcuno intentato per conservarsi al potere, e quindi sguinzagliò nella lotta gli elementi peggiori dei bassi fondi sociali, mala vita, mano nera di New York reduci dalle patrie galere, ed il compagno del bandito Musolino, Jatì Giovanni [...] Questi tutti fanno capo a Filastò Gaetano, assessore, zio di Musolino e padre di un grave pregiudicato Filastò Francesco, troppo noto alla pubblica sicurezza. Tutto ciò per farsi un'idea che gente è sul terreno elettorale. L'amministrazione sa che non può vincere sul terreno legale e quindi tenta cercare disordini ed arbitrii per riuscire nell'intento. E per meglio ricamare il piano prestabilito ha scelto per sala elettorale, non quella del comune, ma un basso di casa Filastò, cioè del capo-partito Fava Stefano. Da dove con posizione privilegiata, si possono dai sullodati elementi provocare ogni sorta di provocazioni ed arbitrii con

danno enorme agli avversarii che resterebbero allo scoperto da questa disonesta strategia, preparata con arte a comprimere la volontà del corpo elettorale.

Nella denuncia, il notaio Fava fa anche riferimento all'uso dell'acqua irrigua concessa strumentalmente per «ragioni elettorali», cioè con lo scopo di ottenere consensi.

Neanche l'altro fronte, però, è immune da critiche. Scrive Gaetano Cingari: «... una indagine attenta sull'area di consenso elettorale dello stesso Camagna e delle amministrazioni comunali dirette dai suoi capi elettori mostra che nel suo "partito" non erano pochi gli affiliati alla "picciotteria" o "malavita"».[10] E ancora: «La lotta era locale e si sviluppava attorno al potere amministrativo, gestito in modo nettamente clientelare».[11]

Non solo a Santo Stefano d'Aspromonte, ma in tutto il circondario di Reggio Calabria, la lotta politico-amministrativa si avvita attorno allo scontro fra «tripepini» e «camagnini». A Demetrio Tripepi, che muore durante il terremoto del 1908, subentra il figlio Domenico, detto «Mimì», avvocato e futuro parlamentare.

Francesco Filastò e gli altri «americani» di ritorno non sono molto diversi da Gianni Della Zoppa, il protagonista de *La famiglia Montalbano*, il primo romanzo sulla criminalità mafiosa in Italia, scritto da Saverio Montalto. Svezzato oltreoceano, quando torna in Calabria Della Zoppa è un boss che comanda senza dare ordini:[12]

> «Ormai tutto è cambiato e se per il momento non abbiamo tutto nelle nostre mani è questione di tempo perché l'avremo e allora guai a chi non sarà con noi. Tutti si devono convincere che se vogliono avere un po' di comando debbono mettersi prima d'accordo con noi: assessori, sindaci, deputati, medici e avvocati e tutti quelli che vengono dopo» spiega il capobastone. «Dovete sapere che io anche sotto le armi ho avuto i miei bravi rispetti. E perciò o vi sottomette-

te a noi oppure se volete comandare dovete essere con noi. Vi posso assicurare che ormai incomincia a far parte della nostra famiglia gente più ricca di voi e molto più istruita di voi. Voi, dato che avete i mezzi, ci aiuterete solo economicamente e per il resto ordinate che noi eseguiremo.»

Il desiderio di scalare la piramide sociale ingrossa presto di giovanissimi le fila di un'organizzazione che, come nel caso della mafia in Sicilia, non si sviluppa nel vuoto delle istituzioni, ma al loro interno.

A Reggio Calabria gli «americani» si impongono, grazie all'alleanza con Michelangelo Campolo, detto «Michele»: viso pacioso, capelli ondulati alla Mascagni e baffi folti, considerato un benefico mediatore di torti subiti, ma anche amico di molti professionisti, tra cui importanti avvocati e direttori di banca. In un rapporto giudiziario viene indicato come responsabile di una «specie di agenzia insieme al pregiudicato Polimeni Giuseppe ed al Morabito (Carmelo) per la compravendita di mutui in seguito alla legge sul terremoto», attività con la quale, è presumibile credere, Campolo «anticipasse denaro a usura a quanti necessitavano di una certa somma di partenza per poter usufruire di un mutuo agevolato da parte dello Stato».[13]

I giornali dell'epoca, mettono in evidenza la «turbolenza e [il] disagio delle classi popolari», ma anche il vuoto amministrativo che «aumenta la propensione camorristica tra i tanti lavoratori addetti alle opere pubbliche».[14] La 'ndrangheta riesce a infiltrarsi nei cantieri della ricostruzione, tanto che nel 1923 un affiliato, segnalato in una comunicazione prefettizia, risulta impiegato presso l'Ente edilizio di Reggio Calabria, un organismo istituito nel 1914 per la costruzione di case economiche a beneficio dei tanti che avevano trovato alloggio nelle baracche.[15]

Nello scontro tra «riggitani» e «palmisani», ventilato dal pizzino sequestrato nel 1905 nel carcere di Reggio, vincono i primi, che accettano subito di riconoscere i «camuffi» americani. Vengono così spazzati via boss del calibro di Santazzo Scidone, fedeli a logiche dell'onore e della vendetta e sostenuti da una naturale e impulsiva fierezza d'animo.

Corpo tozzo e muscoloso, Scidone, detto «Tempesta», nel terremoto del 1908 si era distinto per la sua generosità, salvando «da solo una ventina di persone: sempre primo a salire sulle case sconquassate, svettate, rotte, smozzicate: primo a frugare nelle macerie sulla fievole guida di un lamento, di un richiamo, di un'agonia».[16] Dimostra, però, di avere poca dimestichezza con i politici, tanto da finire ai margini dell'organizzazione criminale che, soprattutto a Reggio Calabria, mutua sempre più le tecniche estorsive dei «camuffi americani». Il 21 aprile 1921, insieme ad altre sei persone di Palmi e Scilla, viene condannato a sei mesi di reclusione per aver cercato di estorcere denaro a due commercianti e alla tenutaria di un postribolo a Reggio Calabria. Poco più di due anni dopo, il 24 luglio 1923, in seguito a una lite, Scidone viene ucciso a Palmi, sulla spiaggia della Marinella.

Scrivono i giudici della Corte d'assise di Gerace Marina, l'odierna Locri:

> [V]erso le ore 9 [...] venne tirata la barca di Alfonsetti Pietro e, mentre costui era intento a ripararne la carena, ed i figli Domenico e Salvatore si trovavano poco lontani sulla stessa spiaggia, sopraggiunse Scidone Santo che costeggiava la riva del mare. A questo punto i testimoni tutti dichiarano di non aver inteso lo Scidone pronunziare parola, ma l'imputato Pietro Alfonsetti assume che per aver lasciato la prua della barca vicino l'acqua e sfiorante le onde in modo da ostruire il passaggio sulla riva era stato per questo atrocemente ingiuriato dallo Scidone; e risulta poi che detto Pietro Alfonsetti pronunziò qualche parola di risentimento e di minaccia contro lo Scidone e nel contempo imbrandita la fiocina (arma da pesca dal manico lungo circa quattro metri) cercò ripetutamente di colpire con essa lo Scidone senza riuscirvi, perché certo Purrone per impedire il ferimento, aveva afferrato il capo della corda pendente da detta fiocina, lascian-

dola solamente quando vide accorrere Domenico Alfonsetti che esplose vari colpi di rivoltella contro lo stesso Scidone. Intanto costui, rinculando per ripararsi dai colpi della fiocina prima e dai colpi di rivoltella dopo, era già entrato col corpo nell'acqua del mare, e, mentre si accenna dallo stesso Purrone che, abbandonata la corda, il Pietro Alfonsetti fosse riuscito a colpire con la fiocina lo Scidone, risulta in modo univoco dai testi presenti che il Domenico Alfonsetti non solo dalla spiaggia esplose i colpi di rivoltella contro lo Scidone, ch'era già nell'acqua senza però colpirlo, ma lo raggiunse subito dopo nel mare, afferrandolo col braccio pel collo, e mentre lo teneva così stretto, l'altro fratello Salvatore, pur'esso sopraggiunto, gli vibrava diversi colpi di pugnale, lasciandolo ambedue in condizioni gravissime, tanto che lo Scidone poté appena uscire dall'acqua sanguinante, e trasportato in casa, cessava di vivere il giorno dopo.

Gli Alfonsetti dichiarano di essere stati più volte oggetto delle pretese e delle angherie dello Scidone e di averlo ucciso per porre fine ad anni di terrore nei confronti di molti pescatori, costretti a cedere al boss di Palmi una parte del pesce pescato. La notizia finisce anche sulle pagine del «Corriere della Sera», che indica invece come causa dell'aggressione il fatto che lo Scidone proteggesse «una ragazza sua vicina di abitazione, che uno dei figli dell'Alfonsetti aveva presa di mira».[17] La Corte d'assise di Gerace, il 10 novembre 1925 condanna Salvatore Alfonsetti a quattro anni e due mesi di reclusione (di cui due condonati), il fratello Domenico a nove anni (di cui due condonati) e il padre a due mesi e quindici giorni (condonati).

L'ascesa del boss Michele Campolo

Sfruttate le opportunità del dopo terremoto, Michele Campolo stringe rapporti con esponenti della Reggio-bene e diventa «Gran Criminale», l'organo di raccordo della 'ndrangheta, qualcosa di simile all'odierno «Crimine», in grado di imporre «il pagamento di una somma sui reati commessi dalle singole associazioni o dai singoli affiliati», ma anche di dare disposizioni, quando viene chiamato dai capi locali a dirimere conflitti interni o a intervenire in caso di indagini della polizia. Scrive Armando Dito: «... don Michele Campolo usava passeggiare come i grossi signori lungo il corso e la via Marina col suo elegante carrozzino trainato da un magnifico morello con in mano l'agile e svelta frusta del verzino aggiunto al cordone; non usava "u muffu" cioè il fazzoletto al collo come d'uso d'ogni uomo di "sgarro"; era ben rasato, aveva morbidi baffi e un grosso neo con sopra un pelo ricciuto gli rendeva più elegante il mento. Gli altri passavano il tempo con cene e pranzi di "bramanti" ossia di capretti e agnelli ove spesso col vino vi scorreva il sangue».[18]

È Campolo a presiedere la riunione annuale che si tiene presso il santuario di Polsi, in occasione della festa della Madonna della Montagna. Ed è sempre lui che, sfruttando i rapporti con la politica, riesce a ottenere per sé e per i suoi uomini quell'immunità necessaria a evitare il carcere.

«Fanno i camorristi non perché abbiano bisogno di denaro, ma per protezione reciproca» dichiara Biagio Pettinati ai magistrati della procura del Re di Reggio Calabria nel 1913. Pettinati fa il giocatore ambulante e conosce i rischi che corre chi esercita quel mestiere senza pagare il pizzo alla 'ndrangheta. Gira di paese in paese, in occasione di fiere e feste patronali e, interrogato, dichiara:[19]

> A Brancaleone, non so quale festa due mesi prima di quella della Madonna della Consolazione di Reggio Calabria, mi avevano avvicinato anche gli affiliati all'associazione giacché in ogni paese vi sono delle sezioni o dei capi locali che dipendono dal Capo della Società, così come i Pretori dipendono dal tribunale o come gli ufficiali in distaccamento dipendono dal comando principale e poiché io conoscevo da molti anni come associato Campolo Michele anzi come capo della mala vita feci il suo nome dicendo che io ero cosa

sua e fu perciò che invece di pagare otto lire quanto mi si chiedeva, pagai soltanto tre lire. A Villa San Giovanni mi successe lo stesso il giorno 6 o 7 settembre 1913 e così invece della somma richiesta pagai 1 o 2 lire dicendomi cosa di Campolo Michele.

Di Campolo parla nel suo diario inedito anche Enzo Misefari, lo storico dirigente sindacale calabrese, raccontando dell'affiliazione alla 'ndrangheta, in età giovanile, di suo fratello Bruno. Scrive Misefari: «Bruno [che diventerà poi un importante esponente del movimento anarchico, antifascista ma anche filosofo, ingegnere ed esperto di geologia] bazzicava con mafiosi. Un giorno, anzi, lui e altri studenti suoi amici, furono introdotti nella Famiglia di Montalbano [un altro termine utilizzato per definire la 'ndrangheta]» di cui Michele Campolo era il Capo Supremo. «Costui era – si diceva – in ogni crimine.» Si racconta anche che in occasione delle elezioni del 1906 era stato fatto uscire dal carcere per sostenere il candidato giolittiano.[20] Scrive ancora Misefari: «Il prefetto mise in moto [...] anche la malavita. Michele Campolo, il noto capo della malavita "ndranghita", si dispose a preparare il galoppinaggio [...]. Le case, nella giornata elettorale e in quella precedente, furono tutte esplorate, spesso da polizia e malavita insieme, per garantirsi il voto. Nelle adiacenze delle sezioni elettorali le osterie servivano da luogo di concentramento degli elettori. Si offriva loro un bicchiere di vino e s'invitavano a votare per "l'onorevole", "vero amico degli amici" sempre "a disposizione" dell'elettore. La minaccia era implicita nell'invito».[21]

In quegli anni Campolo è davvero dappertutto. Nel 1913, in occasione delle prime elezioni a suffragio universale, pretende 25 lire al giorno dal postribolo gestito da Maria Morabito e 200 da quello di Angela Mallamace e ne giustifica la richiesta sostenendo di dover appoggiare la candidatura politica del dottor Caminiti, a Solano, un piccolo comune tra Bagnara e Scilla.[22]

Qualche anno dopo, a conferma della forza della 'ndrangheta, nel tribunale di Reggio Calabria viene appiccato un incendio per distruggere alcuni importanti documenti d'archivio, proprio nel momento in cui un avvocato di grido, ex deputato giolittiano, sta curando la riabilitazione giudiziaria del boss reggino.[23] Come si legge in un rapporto della questura, in quegli anni Campolo gode dell'appoggio di noti avvocati reggini. Questi ultimi non solo difendono gli affiliati utilizzando metodi poco ortodossi, come il ricorso a testimoni falsi, ma intrattengono con Campolo un particolare rapporto di collaborazione basato sul pagamento di una percentuale sulle parcelle incassate in cambio della segnalazione di nuovi clienti.[24]

Il nome di Campolo compare anche in alcune vicende politiche, «come in occasione del conflitto dell'8 ottobre 1922 tra arditi e fascisti a Motta San Giovanni», in cui «viene identificato come organizzatore dei primi su richiesta del sindaco di Motta». Scrive Fabio Truzzolillo: «C'è da supporre che si trattasse di accuse strumentali per screditare gli arditi, ma ciò certifica il ruolo di primo piano svolto da Campolo all'interno della malavita reggina».[25] Due anni dopo, nelle elezioni del 1924, appoggia la lista democratico-sociale promossa da Giuseppe Albanese e Domenico Tripepi contro quella ufficiale del Partito nazionale fascista. La vicenda passerà alla storia come la «protesta del soldino», dal distintivo, ricavato da una moneta di cinque centesimi riportante l'effigie del re, che i manifestanti portavano all'occhiello. Questa circostanza gli costa, nel 1926, il confino politico prima alle Tremiti e poi a Ustica, senza però comportare «un adeguato approfondimento da parte del regime sulla natura delle aggregazioni politiche in Calabria, nelle quali un importante ruolo di mediazione era svolto [proprio] dai capi della criminalità organizzata».[26] «È un volgare delinquente [e perciò non merita molta attenzione]» scrive il prefetto di Reggio, eludendo la richiesta del ministro dell'Interno che gli aveva chiesto di preparare un profilo biografico del Campolo.[27] Un anno dopo, lo stesso prefetto lo inquadra tra i nemici del fascismo, uno «che ha combattuto l'attuale regime con tutte le arti subdole ed anche sostenendo validamente, giovandosi del suo grande ascendente sulla malavita, gli oppositori». E aggiunge: «[...] molto intelligente e furbo, sebbene analfabeta [...] è [il] maggiore esponente della malavita di questa provincia. Ha sempre vissuto nell'ozio più vergognoso, tenendo i mezzi non solo di sussistenza, ma anche per menare una vita lussuosa dalla camorra che esercita in tutti i modi. È stato deleterio poi nei riguardi del potere giudiziario del quale ha contrastato sempre l'azione, riuscendo spesso a fuorviare il corso regolare della giustizia».[28]

Giudizi positivi sul boss reggino, invece, vengono espressi da uno dei funzionari più autorevoli della questura di Reggio, il cavaliere ufficiale Gregorio Cavatore. Chiamato a deporre sul conto di Campolo, dichiara di averlo sempre conosciuto come «un bravo e onesto commerciante di cavalli», salvo poi arrestarlo alcuni anni dopo.[29]

Di ritorno dal confino, nel 1931, Campolo riprende il suo vecchio ruolo di boss e si impegna a «riorganizzare le file della onorata società». Ciò lo conduce al secondo confino, questa volta «comune», a conclusione del quale il 18 marzo 1938 verrà condannato all'ergastolo per associazione a delinquere e per l'omicidio di Alfredo Randazzo, capo delle guardie carcerarie, avvenuto il 19 gennaio 1924.

Nella sentenza, i giudici della Corte d'assise di Reggio Calabria così lo descrivono: [30]

> Il Campolo [...] è un analfabeta, perché pur frequentando la scuola non imparò a leggere né a scrivere. I genitori cercarono fargli prendere un mestiere, e lo mandarono invano a sarto, calzolaio, barbiere, fucinatore. Non ha mai esercitato alcun mestiere; non ereditò beni di fortuna, gli fu negato il permesso di fare il netturbino. Ebbene, questo nullatenente e nullafaciente, che prima era vissu-

to sulla camorra e sulla prostituzione, dal 1918 in poi divenne l'arbitro della vita sociale di Reggio, e spendeva in una vita di lusso; giuocatore, con molti gioielli alle mani, sfoggio di abiti. In una perquisizione fattagli al 1921 [gli trovano] tre orologi d'oro, due catene d'oro, vari ciondoli d'oro con monete d'oro da 100 e da 50, vari anelli d'oro, lire 6000 in denaro, K. 3500 di sigarette, e un arsenale d'armi, fucile, due pistole, pugnale, 16 caricatori da fucile militare, uno scudiscio animato lungo cm. 54. E il denaro e il potere dovevano venirgli necessariamente dalla preminenza assunta nella malavita, da cui proveniva. [...] Campolo, sol perché Capo bastone, era divenuto il despota nella vita pubblica. La malavita non aveva partito: vendeva il suo appoggio [...] quando c'erano elezioni nei paesi, il Campolo montava sul suo carrozzino per ingaggiare la malavita locale. Era divenuto [...] così potente che nel 1921 si osava chiedere il rinvio delle elezioni, perché Campolo era in carcere per l'omicidio Canzonieri [per questo reato venne assolto assieme al suo cocchiere Carmelo Morabito, *NdA*], e bisognava attendere la escarcerazione che nell'ambiente di allora, non poteva mancare, come non mancò. E per questa sua potenza quattro Signori del Gran Mondo e della vita pubblica reggina il 7 agosto 1920 si scomodarono per recarsi nello studio di un notaio e deporre che era a loro conoscenza che il Signor Campolo (l'analfabeta, nullafaciente) attendeva a molteplici speculazioni commerciali, dalle quali ritraeva buoni guadagni, come la compravendita di bovini, trattazione ed incetta di vini e mosti, ed era poi di buona condotta morale e politica. I firmatari erano un assessore del Comune [Giuseppe Romeo Filocamo], un ex deputato [Biagio Camagna], il Presidente della Camera di Commercio [il Grande Ufficiale Antonio Vilardi], un aristocratico della Città [il marchese Felice Genoese Zerbi]. E non basta. Il Presidente della Deputazione provinciale e il Sindaco [Giuseppe Valentino, *NdA*] del tempo scrivevano che dopo la condanna del 1914 il Campolo aveva dato prova di ravvedimento e manteneva buona condotta. Quanta potenza e quanto interesse per il Campolo analfabeta! E così il

> Campolo ebbe la riabilitazione, e fu consumata a danno della Giustizia una grande beffa [...].

Dopo la condanna del 1938, Campolo muore in carcere. Scrive ancora Armando Dito:[31]

> La salma verrà portata a Reggio ove ebbe solenni funerali; una folla imponente seguiva il feretro, avanti a tutti le autorità civili e politiche tra cui spiccavano il prefetto, il sindaco e il presidente della Provincia, presidente pure del Comitato di liberazione antifascista. Erano presenti in doveroso omaggio personaggi della mafia siciliana, della camorra napoletana e parecchi italo-americani sbarcati in Sicilia durante l'invasione dell'isola da parte delle truppe anglo-americane.

I boss tra fascismo e antifascismo

La Calabria, negli anni Venti, è ancora «uno sfasciume pendulo sul mare», come l'aveva definita nel 1904 Giustino Fortunato [stimato meridionalista], una regione priva di strade, con tanti nodi insoluti. Per recarsi da Reggio Calabria a Gerace Marina, l'odierna Locri, bisogna attraversare una trentina di fiumare, essendoci soltanto quattro o cinque ponti lungo la via carrozzabile. Nella cattiva stagione, poi, si corre facilmente il rischio di non poter procedere né innanzi né indietro, a meno che si preferisca fare la strada a dorso di mulo. Presso molte fiumare, stazionano coppie di buoi che vengono impiegate per aiutare le automobili a compiere il difficile guado.

Emergono, in quegli anni, le figure di Giovanni Costa e Francesco Filastò. Costa, poco prima di essere ucciso nel 1924 su ordine di Filastò, suo acerrimo rivale sin dai tempi della comune esperienza americana, utilizza gli stessi metodi di Campolo. Il 18 dicembre 1927, nel corso di una perquisizione nell'abitazione del figlio Orazio, viene sequestrata una lettera datata 26 febbraio 1921: risulta scritta su carta intestata della Deputazione provinciale di Reggio Calabria. Nella lettera l'avvocato Domenico Tripepi, già sostenuto da Campolo nella «protesta del soldino», comunica a Giovanni Costa la propria candidatura alla Camera dei deputati. «Ricordo il grande affetto che avevate pel mio povero padre [Demetrio, già difensore di Costa, deceduto nel terremoto del 28 dicembre 1908] e mi affretto a scrivervi per chiedere il vostro autorevole appoggio.» Il 15 maggio del 1921 Tripepi viene eletto deputato e si riconfermerà nella stessa carica alle elezioni del 6 aprile 1924. Nel 1946 verrà anche eletto all'Assemblea costituente nelle file dell'Unione democratica nazionale.

Come ai tempi della «setta degli accoltellatori» guidata da Francesco De Stefano, la 'ndrangheta «vegeta con l'acquiescenza delle classi più facoltose che spesso se ne servono per i loro fini di predominio personale e di custodia dei loro latifondi», potendo contare anche sul «quieto vivere della maggior parte», cioè della maggioranza della popolazione, che preferisce far finta di non vedere.[32]

C'è, invece chi si presta alle testimonianze compiacenti nei provvedimenti di ammonizione, le misure di prevenzione di allora. Ci sono quelli che affidano la custodia dei magazzini di olio al boss Antonino Barbaro, come nel caso del commendatore Francesco Starace Tripodi, sindaco di Gioia Tauro. Ci sono ancora coloro che firmano attestati di buona condotta nei confronti di Alberto Belfiore, imputato contumace per associazione a delinquere, come il consigliere provinciale Pietro Baldari, il conciliatore dottor Gullace e lo stesso sindaco Starace, che è stato tra l'altro anche il primo podestà di Gioia Tauro.[33]

Altri «americani» si danno da fare nella zona di Montebello Ionico, come si rileva dalla denuncia presentata alla procura del Re di Reggio Calabria da un gruppo di cittadini nel 1922. A cercare di condizionare il voto amministrativo è Gesualdo Agati: ex falegname, assessore supplente, cugino del sindaco, sostenuto dalla «teppaglia» di Fossato e reduce, come Filastò e Costa, da trascorsi malavitosi negli Stati Uniti.[34]

Anche in Calabria finiscono in manette solo gli «schianta veddani», come li definisce Sharo Gambino. Quelli cioè che non hanno saputo, o non hanno potuto, mimetizzarsi nelle file delle gerarchie fasciste. Gli altri, cioè i furbi, sono rimasti nei paesi dove hanno continuato a fare i loro ingenti guadagni.[35]

In un caso soltanto un podestà viene arrestato con l'accusa di associazione a delinquere. Succede nel 1928 a Sant'Ilario, nella Locride, con Bruno Principato, indicato come il maggiore esponente della cosca del boss Vincenzo Mollica.[36] Considerata un problema di ordine pubblico, la 'ndrangheta in quegli anni viene affrontata solo con misure repressive. Ma non tutti gli 'ndranghetisti decidono di stare da una stessa parte.

A fronte di tanti boss che scelgono di indossare il fez, ce ne sono tanti altri che, animati da sentimenti antifascisti e spinti da atteggiamenti antistatali, pretendono di dare voce ai bisogni elementari delle popolazioni, soprattutto dopo che il fascismo ha proceduto alla soppressione di ogni forma di vita democratica, con l'abolizione della libertà di stampa e lo scioglimento di partiti, di associazioni e di sindacati.

Nel 1938 il capo società della 'ndrangheta di Bagnara Antonio Buda, decide di collaborare con la giustizia: oltre a usare per la prima volta il termine «entranghetisti», descrive le regole sociali del suo clan tra cui anche quella di «non avvicinarsi al Partito Nazionale Fascista, né prendere parte alle riunioni o cerimonie che costoro tenevano».[37]

In un processo del 1924 per un'associazione a delinquere costituita a Casalnuovo d'Africo, un certo Domenico Priolo, interrogato dai carabinieri, ammette di essere stato il capo di un'organizzazione criminale e racconta che in una riunione tenutasi nella casa di un altro affiliato, un certo Leo

Morabito, si era deciso di «punire coloro che avevano votato per il fascio nelle ultime elezioni amministrative». Nello stesso processo, però, due imputati dichiarano di essere stati minacciati: uno [Natale Careri] per essersi iscritto al fascio e un altro [Francesco Palamara] «per non avere egli voluto votare per il fascio».

Nelle organizzazioni fasciste, invece, si infiltra Demetrio Canale, uno degli uomini più importanti del clan Campolo, tanto da ricoprire la carica di segretario politico della locale sezione del fascio. Lo seguono nella sezione altri personaggi di spicco come i fratelli Pasquale, Domenico e Giuseppe D'Ascola di Ravagnese. L'adesione è finalizzata a proteggere latitanti e a favorire le attività dell'organizzazione criminale.

Tuttavia, l'episodio più eclatante si registra ancora una volta a Reggio Calabria, dove prefetto e questore rispondono «agli ordini» di uno 'ndranghetista che si era insediato nel cuore della federazione fascista, al punto da ricoprire la carica di segretario amministrativo. Si tratta di Giuseppe Surfaro, originario di Melito Porto Salvo, «notoriamente affiliato, assieme al proprio fratello, alla malavita che infettava e infetta tutt'ora la provincia».[38] Il fatto susciterà un tale clamore da indurre nel 1933 il segretario del Partito nazionale fascista, Achille Starace, a rimuovere il federale sospettato di legami mafiosi.

È, comunque, una 'ndrangheta tutt'altro che paludata. Spara. E non solo su boss e picciotti che sgarrano. Nel 1914, in contrada Armo di Gallina, viene ucciso Domenico Zema, accusato di aver fatto licenziare alcuni campieri legati alla 'ndrangheta. Ex carabiniere, era diventato fattore dell'avvocato Francesco Zagari.

Nell'ottobre 1919, in un conflitto a fuoco, durante un tentativo di furto di cavalli ai danni della caserma del 20° fanteria a Reggio Calabria, viene assassinato il capitano Gerlando Scozzari.

Nel 1920, a Seminara, durante un agguato preparato per uccidere il maresciallo Contadini, troppo scrupoloso nelle indagini sulla 'ndrangheta, viene ferito per errore un carabiniere. Un anno dopo, a Rosarno, vengono feriti due marescialli e un carabiniere, mentre nel 1930 Giuseppe Fallanca, noto latitante legato alla 'ndrangheta, uccide in un conflitto a fuoco il carabiniere Francesco Fede, originario di Ardore.[39]

Spara ovviamente anche sui contadini. Antonio Marzotti ricorda che, in provincia di Reggio Calabria, le squadre fasciste della prima ora erano guidate «personalmente da mafiosi notissimi e che 'ndranghetisti e campieri avevano aiutato gli squadristi a mettere a ferro e fuoco Crotone per scongiurare le rivolte contadine».[40] Stesse logiche che portano campieri e 'ndranghetisti in camicia nera a sparare assieme ai carabinieri a Casignana, contro i contadini che avevano occupato le terre incolte.[41]

E non mancano neanche gli scontri tra 'ndranghetisti. A Reggio Calabria, nello stesso periodo, i clan di Gallina e Mosorrofa si contendono il controllo delle banchine per lo scarico delle merci. A prevalere su Salvatore Libri è un altro «americano», Nicola Fortugno, che sa come far voltare dall'altra parte chi è chiamato a controllare l'ordine pubblico.

È il nuovo segretario federale di Reggio Calabria Giovanni Alessandri – sostituto del rimosso Surfaro – a segnalare tre anni dopo «la sensibile recrudescenza dell'attività criminosa in alcuni centri della provincia» e soprattutto l'incapacità delle forze dell'ordine a contrastarla per amicizie e legami sospetti con l'ambiente locale. Con una lettera inviata a Starace, il segretario sollecita «una seria opera di epurazione» ai vertici della questura e dei reali carabinieri.[42]

Nonostante gli arresti a cavallo tra gli anni Venti e Trenta, vanificati dall'amnistia del 1932, neanche il fascismo riesce ad accendere i riflettori sulla 'ndrangheta, che continua così a rimanere nell'ombra, senza nome, come se fosse un arcipelago di schegge impazzite. È ignorata perfino dal Duce nel suo famoso discorso dell'Ascensione, in cui mette in evidenza i successi della repressione fascista contro i «falsi monetari», i «Mazzoni» nel basso Lazio e nell'Aversano e la mafia in Sicilia.

Nelle 11.744 parole di cui si compone la relazione del Duce non c'è neanche un riferimento alla Calabria, né alla malavita calabrese.

III

Il summit di Montalto

Con i suoi 1955 metri Montalto, la cima più alta dell'Aspromonte, è una balconata sullo Stretto che taglia l'orizzonte come muraglie d'alabastro. Un tempo era il rifugio preferito di briganti e banditi, oggi è meta di escursionisti e amanti della natura, con boschi di faggi, castagneti, pinete, abetaie, torrenti che scendono a valle e montagne ruvide e aguzze che somigliano ai paesaggi alpini. È una foresta sacra alla memoria degli italiani, che ricorda il tentativo di Giuseppe Garibaldi di porre il suo sigillo alla conquista di Roma nel 1862.

Più di cent'anni dopo, il 26 ottobre 1969, sulla radura ai piedi del Montalto, nei pressi del casello forestale di Cano, soffia un vento freddo. Sotto lo sguardo benedicente del Redentore, uno dei venti monumenti fatti erigere su altrettante cime per salutare l'inizio del Novecento, oltre un centinaio di uomini arrivano alla spicciolata a bordo di numerose automobili, in rappresentanza di un determinato paese o di un «locale» di 'ndrangheta.

Con qualche rara eccezione, quella riunione annuale si è sempre tenuta a Polsi, ai primi di settembre, in concomitanza con la festa della Madonna della Montagna. Quell'anno, invece, è stata posticipata a fine ottobre e spostata quindici chilometri più a sud, verso Gambarie, un'importante stazione sciistica nel cuore dell'Aspromonte.

L'ultima volta che il summit è stato trasferito in una diversa località, nel 1960, dieci boss sono finiti in manette, vittime di una soffiata attribuita ai clan della Locride, contrari a quella scelta che alterava gli assetti di potere a vantaggio delle famiglie di Reggio Calabria.

Da sempre, la 'ndrangheta è come un tavolo che si regge su tre gambe (i circondari di Locri, Reggio Calabria e Palmi, meglio noti come «ionica», «matrice» e «tirrenica», che coincidono con i tre tribunali della provincia e con le altrettante case circondariali). Per questo gli equilibri sono estremamente labili.

Sono gli anni della contestazione. Dopo il Sessantotto studentesco si passa alle agitazioni dei lavoratori che rivendicano il rinnovo di molti contratti di lavoro. Le forze sindacali non sembrano in grado di controllare la piazza. Cominciano i primi attentati dinamitardi. La tensione sale proprio nel mese di novembre del 1969, quando alcune frange estremiste di sinistra si dissociano dai partiti storici. Anche l'estrema destra è in fermento. Di lì a poco, una bomba innescata con un timer esploderà a Milano, nella sede della Banca dell'Agricoltura, in piazza Fontana, e il bilancio sarà sanguinoso: sedici morti e novanta feriti.

Il giorno prima del summit di Montalto, a Reggio Calabria la polizia ha negato l'autorizzazione al comizio del principe Junio Valerio Borghese. L'ex comandante della Decima Mas della Repubblica sociale da mesi coltiva l'idea di un colpo di Stato, fomentato dal regime dei colonnelli greci in collegamento con alcuni settori militari italiani, con il possibile appoggio di apparati della sicurezza americana e la piena disponibilità di un'area ben definita della destra estrema.

A Reggio, Borghese cerca consensi anche negli ambienti della 'ndrangheta. Lo ascoltano in tanti, ma non tutti scelgono di appoggiare il suo piano eversivo. C'è chi ritiene che per fare il salto di qualità e mettere le mani sui soldi veri, quelli della droga, sia necessario entrare in contatto con politici e massoni. E chi, invece, sostiene che bisogna evitare spaccature e restare fedeli alla tradizione, senza avventurarsi su terreni insidiosi, fatti di trame oscure e legami inconfessabili. I De Stefano, i Piromalli e i Nirta si impegnano a mettere centinaia di uomini armati al servizio del principe golpista. Domenico Tripodo e Antonio Macrì, al contrario, non condividono la svolta eversiva e si chiamano fuori.

Quando, in quell'ultima domenica dell'ottobre 1969, i rappresentanti di oltre un centinaio di locali di 'ndrangheta si raccolgono intorno a Giuseppe Zappia, un uomo anziano e di bassa statura, boss di San Martino di Taurianova e presidente dell'assemblea plenaria, c'è tanta carne al fuoco: oltre a discutere sull'adesione al progetto politico del principe Borghese, c'è da decidere se inasprire o meno la lotta contro la polizia. In quegli anni, infatti, le 'ndrine sono martellate con richieste di soggiorno obbligato, una misura con cui si impone a persone giudicate di particolare pericolosità sociale di risiedere temporaneamente in un comune di assegnazione del territorio nazionale sotto la vigilanza delle forze dell'ordine.

I boss e i loro delegati non sanno però che un piccolo gruppo di carabinieri del Nucleo investigativo di Reggio Calabria e una ventina di agenti della squadra mobile li hanno seguiti tra gli anfratti di quella impervia località, nota anche come Serro Juncari.

Seduto su un tronco tagliato alla base, Zappia propone di far saltare gli automezzi della questura e afferma che la 'ndrangheta è una e una sola e che non esiste quella di Mico Tripodi, né tantomeno quella di 'Ntoni Macrì o Peppe Nirta. «Si dev'essere tutti uniti, chi vuole stare sta e chi non vuole se ne va...» spiega nella sua ruvida parlata, tra il fruscio degli alberi.[1]

Nella radura del Montalto, coperta di foglie secche e offuscata da una leggera nebbiolina, il blitz, guidato dal maresciallo di pubblica sicurezza Gregorio Anello, ha l'effetto di uno tsunami. Vengono prima immobilizzate le quattro sentinelle a protezione del summit e poi, tra il fuggi fuggi generale, finiscono in manette diciannove persone, tra cui lo stesso Zappia. Molte altre vengono identificate nelle ore successive grazie alle auto disposte disordinatamente nella boscaglia, ai margini della strada.

Una preziosa soffiata, il frenetico andirivieni di due note staffette mafiose, avevano messo le forze dell'ordine sulla pista di quel particolare convegno. «Mai la polizia aveva avuto modo di cogliere utili informazioni preventive sulle modalità e circostanze specifiche, di tempo e di luogo, con cui si organizzavano e si svolgevano tali assemblee» scrive il commissario Alberto Sabatino nel suo rapporto sull'operazione inviato al questore Emilio Santillo.[2]

I sospetti della soffiata cadono su quella parte della 'ndrangheta in disaccordo con la svolta eversiva proposta dai De Stefano, dai Piromalli e dai Nirta. Secondo un collaboratore di giustizia, qualche giorno prima del summit, il boss Mico Tripodi aveva partecipato a un incontro con il questore Santillo, presso il residence di Altafiumara, alla presenza di una nobildonna reggina.[3] In quegli anni, non sono infrequenti gli incontri delle forze dell'ordine con le cosiddette «fonti confidenziali». Il questore Santillo, come racconta Giacomo Lauro, ex affiliato di Brancaleone, era convinto che la 'ndrangheta fosse «una realtà sociale» per nulla deleteria, dal momento che poliziotti come lui, grazie alle confidenze dei boss, erano in grado di sapere «tutto di tutti».[4]

Dopo il tentato golpe Borghese, il clan De Stefano e i suoi alleati incrociano la rivolta di Reggio che segna un momento decisivo del patto politico-affaristico-mafioso, uno spazio opaco tra legale e illegale, fatto di collusioni e complicità. Si infiltrano tra le barricate, partecipano agli scontri con le forze dell'ordine e alimentano la strategia della tensione, come racconta Giacomo Lauro. «Sono stato io a fornire la carica di tritolo utilizzata per far deragliare il direttissimo Palermo-Torino, all'altezza della stazione di Gioia Tauro» dichiara molti anni dopo ai magistrati. In quell'occasione, perdono la vita sei persone; altre sessanta rimangono ferite.

Per sedare la rivolta sociale promossa al grido di «boia chi molla», il governo prima invia in riva allo Stretto l'esercito e i carri armati, poi vara un piano di interventi che passa alla storia come «pacchetto Colombo», dal nome dell'allora presidente del Consiglio dei ministri. Vengono stanziati negli anni Settanta oltre mille miliardi di lire per la realizzazione di grandi opere industriali, come il quinto centro siderurgico nella piana di Gioia Tauro e la Liquichimica a Saline Ioniche, nel comune di Montebello; e molto ancora. Viene anche decisa una insolita divisione degli organi istituzionali: la giunta regionale a Catanzaro e il Consiglio a Reggio.

Come ai tempi della legge Pro Calabria del 1905, la classe dirigente locale mostra la propria anima peggiore: assistenzialista, parassitaria e subalterna. A trarre vantaggi sono i politici che praticano metodi clientelari e gli 'ndranghetisti che mettono le mani su appalti e subappalti.

Peppe, Mico e 'Ntoni

Ma chi sono i boss cui fa riferimento Zappia durante il summit di Montalto? Sono Peppe Nirta, Mico Tripodo e 'Ntoni Macrì. Hanno contatti con gli esponenti più forti della mafia siciliana e intrattengono relazioni anche oltreoceano, soprattutto in Canada, Stati Uniti e Australia.[5]

Giuseppe Nirta, detto «Peppe», in un rapporto della compagnia dei carabinieri di Locri datato 18 marzo 1935, viene descritto come «delinquente callido, evoluto, temibile, specializzato in furti di bestiame, nemico di qualsiasi lavoro, educatosi al delitto in un ambiente familiare dominato dalla personalità del padre Bruno Nirta, pregiudicato quest'ultimo per furti, rapine, associazione per delinquere». Nel 1948 viene prosciolto per aver ucciso per legittima difesa il latitante Michele Pizzata. Nel 1956, in un rapporto inviato alla magistratura, il capitano della compagnia dei carabinieri di Locri lo definisce il «massimo esponente della malavita di San Luca e dintorni, capo temuto e rispettato, punto fermo di riferimento [...] dell'organizzazione e della realizzazione di piani criminosi condotti al successo con astuzia e nell'omertà, responsabile diretto o indiretto di ogni delitto, dominatore della vita pubblica per mezzo delle funzioni di malavita esercitate con estrema efficacia, oppressore delle coscienze di quanti, essendo vittime delle sue prevaricazioni, erano costretti a subire e a tacere». Nel 1961 evita il provvedimento della sorveglianza speciale, proposto dalla questura e negato dal tribunale di Reggio Calabria, grazie a un attestato di buona condotta firmato dal sindaco di San Luca.

Antonio Macrì, detto «'Ntoni», è invece il capo crimine della 'ndrangheta dal 1953. Tra i suoi compiti c'è anche quello di presiedere la riunione annuale di Polsi. È lui che si impegna a evitare ogni forma di violenza in occasione della festa della Madonna della Montagna in cambio di una tregua con le forze dell'ordine, e in particolare con il brigadiere dei carabinieri Giuseppe Delfino.

La prima macchia sulla sua fedina penale risale al 1929, quando viene condannato per porto abusivo di pugnale dal pretore di Siderno. Tre anni dopo, nel 1932, arriva un'altra condanna per lesioni dal tribunale di Gerace Marina, l'odierna Locri. Nel 1944, in un rapporto del capitano dei carabinieri di quella compagnia, viene descritto come «capo di un'organizzazione a delinquere, operante in Siderno e dintorni, ispiratore e animatore dei delitti, ma estraneo all'esecuzione materiale, protettore degli associati e orditore delle false trame probatorie indispensabili per assicurare loro l'impunità, con essi beneficiario dei proventi ricavati dai furti».

Altri rapporti ne sottolineano la statura criminale. «Il capo mafia Macrì aveva fatto cessare i furti in danno di un ricco proprietario terriero previo compenso in olio per un equivalente di circa duecentomila lire» scrive il capitano dei carabinieri di Locri in un'informativa del 10 giugno 1947. «Ogni anno imponeva ai proprietari elementi della malavita quali guardiani di olive, imponeva i prezzi degli agrumi per servire a proprio libito il proprio interesse di commerciante nel settore agrumario.» Nel 1950 una sentenza del tribunale di Locri fa notare che «mentre altrove le controversie agrarie si discutono davanti al tribunale e sono decise con sentenza, in Siderno e Locri si ricorreva all'occulta potenza del Macrì per imporre la volontà dei padroni ai contadini e ai mezzadri.»

In un altro rapporto del 12 luglio 1967 si accenna «ad una truffa dell'entità di alcune decine di milioni in danno della filiale di Siderno del Banco di Napoli, commessa con la notevole partecipazione del Macrì e del direttore della filiale stessa, dottor Domenico Caroleo»; ma si chiarisce che le indagini non erano state approfondite perché il Banco di Napoli, pur avendo destituito il Caroleo, aveva «eretto un muro di silenzio, impedendo alla polizia giudiziaria di perseguire i responsabili».[6] Coinvolto in un paio di omicidi e nella strage di piazza Mercato a Locri del 1967 e poi sempre prosciolto, è noto, inoltre, anche per aver piazzato uomini di sua fiducia in vari continenti: a Toronto, a Melbourne e Sydney, a New York e Albany.

Infine Domenico Tripodo, detto «Mico», boss di San Giovanni di Sambatello. Quest'ultimo viene descritto come un «malvivente orgoglioso e irriducibile». Dopo la fuga dall'ospedale di Palermo nel luglio 1957, durante il periodo del soggiorno obbligato a Ustica, preferisce trascorrere nove mesi di latitanza per non scontarne sette di reclusione. Coinvolto in almeno due omicidi e regolarmente prosciolto, si racconta che durante la latitanza abbia approfittato di una ragazza umbra «ingannandola con promessa di matrimonio», grazie a una falsa identità e alla «stupefacente e benedicente complicità del parroco di Diminniti don Salvatore La Face».

Racconta Tommaso Besozzi: «Una sera fummo costretti a pernottare a San Giovanni Sambatello e un tale che incontrammo nel piccolo caffè si mise garbatamente a nostra disposizione trattandoci come fossimo personaggi di grande riguardo. Mentre ci accompagnava a casa di un suo conoscente che ci avrebbe ospitato, trovò modo di parlare bene del Governo, della polizia, dell'esercito, del Papa, dell'America, della bomba atomica. Sui fuorilegge e sulla mafia, invece, non si pronunciò. Evidentemente perché le nostre chiacchiere non avevano sfiorato quell'argomento; ma ci colpì il suo curioso intercalare: "La legge è bella!", esclamava di tanto in tanto, senza alcun nesso con il discorso. Appena fummo soli, chiesi all'amico calabrese che era con me: "Chi è quel signore così garbato e ottimista? Il sindaco? Un magistrato in pensione?". L'amico, che conosceva bene quei luoghi, rispose: "Quello è il capo della mafia di San Giovanni Sambatello. Un pezzo grosso. Un capo bastone, per dirla nel gergo"».[7]

In comune, Macrì, Nirta e Tripodo hanno forti legami con Cosa nostra: c'è chi sostiene che siano stati ritualmente affiliati anche alla mafia siciliana. «Macrì» dichiara Giacomo Lauro «era amico personale di Angelo e Salvatore La Barbera, di Pietro Torretta, di Luciano Liggio, dei Greco di Ciaculli. Aveva conosciuto, quando ancora portavano i pantaloni corti, sia Riina che Provenzano, i quali, negli anni Cinquanta erano al servizio del dottor Michele Navarra di Corleone. Michele Navarra era stato, negli anni Cinquanta, confinato proprio a Gioiosa Marina per parecchi anni e aveva intrattenuto rapporti di affetto, amicizia e "rispetto" con don Antonio Macrì essendo entrambi all'epoca membri effettivi di Cosa Nostra. Il pupillo di Antonio Macrì era Domenico Tripodo, che fu anche compare d'anello di Salvatore Riina.»

Fra Macrì e Angelo La Barbera, poi, i rapporti sono particolarmente intensi: La Barbera prima è compare d'anello al matrimonio di una figlia di 'Ntoni Macrì; e in seguito viene arrestato a Catanzaro insieme a un nipote dello stesso Macrì, Vincenzo Scarfò. Quest'ultimo non a caso aveva il compito di mantenere i collegamenti tra la 'ndrangheta e Cosa nostra in Canada.

Sempre nel clan Macrì, Paolo Lombardo, ucciso nel 1981 come il fratello Cosimo (1990) e il figlio Pietro (1989), considerato uno dei collegamenti fra trafficanti canadesi e italiani, era in ottimi rapporti con Gaspare Pisciotta, il luogotenente di Salvatore Giuliano. Si racconta che lo stesso Pisciotta sia stato avvelenato in carcere da alcuni esponenti della 'ndrangheta.

Per comprendere meglio l'importanza dei legami con Cosa nostra, bisogna ricordare che nella strage di piazza Mercato a Locri, costata la vita a tre persone, tra cui il boss Domenico Cordì, vengono coinvolti due mafiosi di rango, Tommaso Scaduto e Giuseppe Di Cristina. Secondo un rapporto della guardia di finanza di Palermo, la colpa di Cordì era stata quella di aver fatto sparire millesettecento delle duemila casse di sigarette che alcuni mafiosi palermitani, i fratelli Tagliavia e i fratelli Spadaro, avevano fatto sbarcare in località Omo Morto di Catanzaro. Cordì, per giunta, aveva messo in discussione il prestigio e il potere di Macrì nella Locride.

Insomma, tre lati di uno stesso triangolo, con Nirta, comunque, più incline ai compromessi e meno «rigido» degli altri due. Coinvolti nel processo scaturito dal blitz di Montalto, verranno tutti e tre prosciolti per insufficienza di prove dal tribunale di Locri. Ma la sentenza, datata 2 settembre 1970, riesce a cogliere alcune caratteristiche peculiari della 'ndrangheta, fino a quel momento del tutto ignorate, come l'unitarietà e la capacità relazionale.

«Il mafioso di una determinata "famiglia" o di un determinato "locale"» scrivono i giudici «appartiene con eguale intensità di vincolo alla comunità più vasta che comprende e supera le organizzazioni periferiche e particolari; ed è forse per questa ragione che il fenomeno viene definito nel suo complesso "onorata società", con denominazione che ne sottolinea il carattere unitario, alla stessa guisa di come le espressioni società civile, popolo, nazione, Stato traducono delle realtà risultanti dall'unificazione dei singoli cittadini secondo precise prospettive.»[8]

E ancora: «La malavita esiste per commettere rapine, estorsioni, violenze private, omicidi quando occorre; esiste nelle sue gerarchie e nelle decisioni riguardanti gli associati [...]; esiste per assicurare o ricercare posizioni d'impunità in favore dei propri affiliati, per conquistare posizioni economiche, per l'esercizio della corruttela in comunione con certi politicanti nei più disparati settori dell'apparato pubblico, per intimidire gli onesti e per creare così condizioni di sopraffazione e di predominio illecito».[9]

Altrettanto esplicito è il riferimento al principio della reciproca utilità: «La mafia tende dunque a inserirsi nell'esercizio delle funzioni pubbliche con tenaci propositi di approfittamento e di speculazione, attraverso la sua opera di alterazione e di distorsione, per il conseguimento di fini illeciti di ordine generale e particolare. Tende insomma a inserirsi nella fisiologia dell'apparato pubblico per dar luogo ad un processo patologico di corruzione funzionale, di inefficienza, quindi, che è la premessa causale indispensabile per l'affermazione del suo potere al servizio di interessi illeciti [...] Che il mondo della mafia tenda costantemente a fare binomio col mondo della politica è una verità ormai nota».[10]

La sentenza – storica per il suo contenuto – risale dunque al 1970. Eppure già nella riunione annuale di Polsi, prima delle elezioni amministrative del 1952, il boss Vincenzo Romeo, il bandito romantico dei Campi di Bova, «aveva proposto che la malavita appoggiasse un certo partito politico, ma poi aveva svolto propaganda per un candidato appartenente a un altro partito ricevendone lautissimo compenso, che aveva trattenuto per sé violando così la promessa di spartirlo con gli amici della malavita dai quali aveva ricevuto collaborazione».[11]

E già nel lontano settembre 1955, in uno dei suoi lucidi reportage dalla Calabria, Tommaso Besozzi trattava dell'annoso tema della sottovalutazione della 'ndrangheta, nonostante le crescenti collusioni con la politica: «Le bande rafforzate da elementi che non avevano niente da perdere e protette dalla malavita locale, cominciarono a compiere incursioni nelle campagne della fascia costiera e diventarono sempre più frequenti le razzie di bestiame, i grossi furti, le rapine. Sino alla fine del 1953, tuttavia, sarebbe stato ancora facile stroncare il banditismo calabrese, ma non se ne fece nulla per diverse ragioni. Molti funzionari, per non avere grane, seguitarono a minimizzare nei loro rapporti la portata di questi episodi e a negare che la criminalità in provincia di Reggio Calabria fosse in sensibile aumento. Parecchi uomini politici non si sentirono di inimicarsi la mafia la quale, nei piccoli centri con le minacce e coi ricatti, è ancora in grado di influire sull'esito delle elezioni. I padroni di terre, tra i quali, più di frequente i banditi sceglievano le loro vittime, giudicarono più prudente venire a un compromesso: dare in custodia le case coloniche, gli agrumeti, i boschi ai peggiori tipi del paese, i quali garantivano che le proprietà affidate loro sarebbero state rispettate. Così tutto l'Aspromonte finì per essere presidiato da una nuova schiera di personaggi loschi, di avanzi di galera, di alleati dei briganti dei quali all'occorrenza diventavano ausiliari. Non si credette opportuno trasferire in Calabria nuove forze di polizia».[12] A parte l'uso improprio del termine brigante [erano tutt'altra cosa rispetto agli 'ndranghetisti], anche in Calabria Besozzi vede lungo.

Parte seconda

La transizione: 'ndrangheta e colletti bianchi si strutturano (il secolo scorso)

IV

I De Stefano e la Santa: massoneria e servizi deviati

Sul finire degli anni Sessanta, la 'ndrangheta vive prevalentemente di estorsioni e contrabbando di sigarette. Dopo la chiusura del porto franco di Tangeri, con la restituzione della città alla sovranità del Marocco, le aree operative dei traffici clandestini vengono spostate nelle acque della Sicilia e della costa ionica della Calabria. In un rapporto datato 26 giugno 1973 e firmato dall'allora colonnello della Legione dei carabinieri di Palermo, Carlo Alberto dalla Chiesa, si evidenzia proprio il ruolo della Calabria, considerata «un luogo ideale, per la vicinanza con la Sicilia e per la possibile utilizzazione dei 750 chilometri di coste che la cingevano, come sbarco per partite di sigarette e droga».[1]

Sono gli anni della svolta. I boss investono nel contrabbando di tabacchi e rinsaldano i rapporti con Cosa nostra e camorra. Come nella prima metà dell'Ottocento, ai tempi della detenzione comune nei «bagni penali» di Ischia e Favignana, in epoca borbonica.

Le navi diventano l'emporio galleggiante per una quantità di imbarcazioni veloci, i cosiddetti «motoscafi blu» che provvedono allo sbarco delle «bionde», come in gergo vengono chiamate le sigarette fatte con tabacco chiaro. Le casse vengono scaricate sulle spiagge dello Ionio e del Tirreno. Si rischia poco e si guadagna molto. In quegli anni, il commercio abusivo di tabacchi è circondato da un notevole consenso popolare. Vendere sigarette a un prezzo più favorevole rispetto a quello praticato dal tabaccaio non è considerato affatto disdicevole. In molte cittadine, gli acquisti di «bionde» vengono fatti in termini di investimento percentuale, come ai tempi del carato o chirato, «la porzione di interesse che taluno ha sopra una nave, o in qualche speculazione marittima».[2] Con gli 'ndranghetisti, in Calabria investono anche professionisti, impiegati e gente che semplicemente fiuta l'affare, oltre naturalmente alla mafia e alla camorra.

Racconta Giacomo Lauro:[3] «Questo "business" vedeva compartecipi non solo i calabresi, ma soprattutto palermitani, catanesi e napoletani», come gli Scaduto di Bagheria, i Di Cristina e i Ferrante di Palermo, i Ferrara-Ferlito-Santapaola di Catania, i Nuvoletta di Marano, gli Zaza-Mazzarella di Napoli. In Calabria a gestire il traffico di sigarette sono Mommo Piromalli nella piana di Gioia Tauro, Domenico Tripodo a Reggio Calabria, Natale Iamonte nella zona di Annà di Melito Porto Salvo, Bruno Equisoni a Bova; i Nirta nel tratto di mare compreso tra Bianco e Bovalino, i Marafioti, Cordì e Cataldo a Locri, Antonio Macrì a Siderno, e gli Ursino-Scali-Aquino-Mazzaferro insieme a Rocco Monteleone nella zona di Gioiosa Ionica, Marina di Gioiosa Ionica, Mammola e nei comuni di Guardavalle e Badolato, nel Catanzarese. Nel Crotonese ci sono i Ciampà di Cutro e gli Arena di Isola Capo Rizzuto, mentre la zona di San Leonardo di Cutro è controllata dai Mannolo, che per dieci anni hanno protetto la latitanza di Pietro Vernengo, capo della famiglia di Santa Maria di Gesù a Palermo. Nella città di Crotone il contrabbando delle sigarette è in mano ai Vrenna.

Il volume d'affari è enorme, come si evince da alcuni importanti sequestri compiuti a cavallo tra gli anni Sessanta e Settanta. Nel 1968, una nave panamense con otto tonnellate di tabacchi viene fermata nei pressi di Punta dell'Alice, a 35 km da Crotone, e nel 1971 un'altra nave con alcune tonnellate di sigarette viene sequestrata al largo delle coste di Scalea. Un anno dopo, durante una perquisizione a Trezzano sul Naviglio, nella sede di un'azienda fallita intestata a un calabrese, vengono trovati documenti sul contrabbando di sigarette nel Mediterraneo, prime tracce di dialogo sull'asse Calabria-Lombardia.

L'obiettivo di molti 'ndranghetisti però è quello di diventare anche imprenditori e proprietari terrieri.

Commenta ancora Lauro:[4]

> Cercate di immaginare [...] un discorso di questo genere fatto ai Piromalli-Mammoliti-Rugolo, Pesce-Bellocco-Crea-Raso-Lombardo, tanto per citarne qualcuno sulla piana. Oppure ai fratelli De Stefano-Libri-Araniti-Codispoti-Ciccio Canale, il quale, si disse, fece un salto dalla sedia fino a toccare il lampadario nel soggiorno della villa ad Archi Mare dei De Stefano. Per non parlare di Domenico Tripodo, di Natale Iamonte, di Natale Iannò, di Pietro Pirrello (il quale già firmava, si disse, cambiali dicendo in giro che presto sarebbe diventato molto ricco). Così i fratelli Frascati e centinaia di altri che si sentivano, dalla sera alla mattina, o autotrasportatori oppure imprenditori quando, invece, fino al giorno prima avevano venduto frutta e verdura. Non parliamo della ionica altrimenti ci perderemmo in un labirinto. Basta pensare ai Cataldo-Iemma, ai Nirta, proprietari di silos, ai Perre, anch'essi proprietari di silos. [...] Ecco cosa fu il «pacchetto Colombo», un vero «pacco» per la Calabria ma soprattutto per la provincia di Reggio e così saltarono fuori i consorzi, costituiti da mafiosi, imprenditori e politici.

L'entrata nel mondo dell'edilizia civile e industriale è agevolata dalla politica di programmazione economica nel Mezzogiorno, che dà il via alla stagione dei grandi interventi pubblici, come la costruzione dell'autostrada Salerno-Reggio Calabria. Del pari, alcuni boss approfittano della fuga in massa di agrari e contadini con conseguente disponibilità di vaste distese di terreno in fase di deprezzamento.

Scrivono i magistrati della Direzione distrettuale antimafia di Reggio Calabria:[5]

> La 'ndrangheta si mosse allora e pesantemente verso entrambi i settori. L'irruzione nel ramo delle infrastrutture consentì da un lato il salto nella categoria imprenditoriale di numerosi esponenti dei casati vincenti; rappresentò, invero, l'occasione di conquistare un giro di affari senza precedenti e la possibilità di accesso nelle stanze della burocrazia politico-amministrativa. I risultati furono ovunque clamorosi, tali da spiegare ampiamente l'incoraggiamento che ne avrebbe ricavato la spregiudicatezza del «mafioso-manager» negli anni successivi: il servizio dei trasporti, la fornitura dei materiali, l'espropriazione dei terreni necessari, l'assunzione della manodopera, l'assegnazione stessa degli appalti vennero monopolizzati o condizionati dai capi zona e dai loro protettori con spiccato senso speculativo. Sull'altro settore della scacchiera andarono egualmente a segno le manovre finalizzate all'accaparramento ed appropriazione dei possedimenti agricoli ovunque abbandonati dalla massa contadina, richiamata al Nord dai miraggi del miracolo economico e dai vecchi proprietari terrieri non più disponibili a sottostare alle stagionali soverchierie dei malavitosi. Peraltro, proprio con la sapiente utilizzazione delle somme destinate dal Governo all'integrazione dei prezzi di alcuni prodotti (l'olio di oliva tra tutti) e con l'impiego di fondi rastrellati in campi di attività collaterali, la 'ndrangheta nel reggino si assicurò il controllo generalizzato del fondo agrario a condizioni di assoluto vantaggio, in modo da garantirsi l'esclusiva di una fondamentale risorsa produttiva e il conseguente assoluto dominio sui prezzi, sulla distribuzione e sul mercato dei prodotti agricoli.

I Piromalli di Gioia Tauro diventano imprenditori edili e agricoli, mentre le famiglie dell'alta borghesia reggina si affrettano a vendere i propri latifondi ai De Stefano. Nel contempo, la 'ndrangheta si specializza anche in un'altra lucrosa attività: i sequestri di persona. Dal 1968 al 1988 se ne conteranno più di duecento, di cui 121 nella sola Calabria. Dopo il rapimento di Francesco Vocisano nel 1968 a Delianuova, due anni dopo finiscono nelle mani dell'Anonima sequestri calabrese tre persone: Carmine Caruso di Ardore Marina, Renato Caminiti di Villa San Giovanni e Mario Bilotti di Lamezia Terme. Presto, sull'esempio di Cosa nostra, il bacino d'utenza si allarga anche al Nord, dove la 'ndrangheta può contare sull'appoggio di basisti che sanno individuare le potenziali vittime dei sequestri a scopo estorsivo.

Sono gli anni in cui cresce nettamente la dipendenza economica di varie e vaste aree sociali dalle risorse pubbliche legate alla Cassa per il Mezzogiorno, con crescenti infiltrazioni mafiose nel settore degli appalti, mentre i giornali danno ampio risalto ai ricatti della dinamite. «Il silenzio delle vittime fa il gioco dei ricattatori» scrive Alfonso Madeo sul «Corriere della Sera». Chi può scappa, chi rimane si lascia inghiottire dalla spirale del sopruso e della paura. «Non si può pretendere che si faccia gli eroi» racconta al giornalista un agricoltore a cui prima è stato incendiato un bosco, poi danneggiata un'automobile e infine distrutto un trattore. «Alla fine si è arreso» scrive ancora Madeo. «Adesso stipendia guardiani che hanno l'incarico di spiare ogni suo movimento e vende i suoi prodotti a una cosca di mafiosi in base a prezzi stabiliti dal "capo bastone" della zona. È inutile criticare il suo rifiuto a denunciare la situazione. La sua vita è legata a questo rifiuto.»[6]

La prima guerra di 'ndrangheta

«Nel 1970 [...] i fratelli De Stefano [...] non erano nessuno [...]. Avevano ucciso un tale [Vincenzo] Sergi per quattro buoi, per una truffa di quattro bovini a Modena [un quartiere di Reggio Calabria, *NdA*]» racconta Giacomo Lauro.

«Questi erano i De Stefano. Andavano a fare truffe per quattro vacche [...] poi con le sigarette e [...] le amicizie degli altri clan e avendo i soldi nelle mani hanno armato la guerra. [...] sono diventati i padroni di Reggio dopo la guerra, la prima guerra di mafia.»[7]

Dopo aver preso contatti con contrabbandieri napoletani, Giovanni, Giorgio, Paolo e Orazio De Stefano stringono un'alleanza con Santo Araniti e Domenico Codispoti a Reggio Calabria, con i Piromalli a Gioia Tauro, con i Mazzaferro a Gioiosa Marina e con i Vrenna a Crotone.

Approfittando della continua assenza da Reggio Calabria di Tripodo, latitante dopo la fuga dall'ospedale di Palermo, durante il soggiorno obbligato a Ustica, i De Stefano si attrezzano per gestire i finanziamenti pubblici legati alla realizzazione di opere come la Liquichimica, il Quinto Centro Siderurgico e il raddoppio della tratta ferrata Villa San Giovanni-Reggio Calabria.

Scrive Lidia Barone: «La riconversione della cultura precedente in termini "imprenditoriali" fu rapida: la sola ostentazione del cognome delle famiglie mafiose bastava come intimidazione per far saltare le leggi della concorrenza. Le gare d'appalto andavano deserte sistematicamente, mentre le procedure a licitazione privata venivano a volte platealmente alterate».[8]

Benché latitante, Tripodo torna a Reggio e chiede ai dirigenti della Cambogi di assegnare al cognato Orazio Polimeni il subappalto per il movimento terra nei lavori di costruzione della tratta ferrata Villa San Giovanni-Reggio. I De Stefano, che avevano chiesto lo stesso subappalto per conto di Domenico Libri, loro alleato, decidono di sfidare il potere di Tripodo e fanno saltare in aria gli automezzi di Polimeni.[9] Sono i prodromi di una guerra che causerà 233 morti in meno di quattro anni.

Tripodo comprende la difficoltà del momento e cerca una mediazione, tramite 'Ntoni Macrì, l'unico ancora rimastogli fedele. L'occasione viene offerta dal matrimonio della figlia di Girolamo «Mommo» Piromalli a Gioia Tauro. Nonostante un piccolo diverbio scoppiato con Paolo De Stefano, Macrì riesce a convincere i Piromalli dell'inutilità dello scontro. I due schieramenti decidono di incontrarsi a Napoli per discutere la ridistribuzione di appalti e subappalti.

Un mese dopo l'attentato alle motopale di Polimeni, nell'ottobre 1974, Natale Iannò, amico di Tripodo, approfittando della presenza di Giovanni De Stefano nell'hotel Roof Garden si vendica di una vecchia ruggine e lo fa uccidere da alcuni sicari giunti da Napoli. Nell'agguato, erroneamente attribuito ai Tripodo, rimane ferito anche il fratello di Giovanni, Giorgio De Stefano, boss dell'omonima famiglia.

La reazione dei De Stefano non si fa attendere. Il 28 novembre 1974 sulla via Nazionale del popoloso quartiere Archi, di fronte a una folla atterrita, viene ucciso Giacomo Praticò, cognato e fedelissimo di Tripodo. Poi nel gennaio 1975, i De Stefano alzano il tiro e assassinano 'Ntoni Macrì, ritenuto responsabile della violazione degli accordi di Gioia Tauro.

Racconta Lauro:[10]

> Il Macrì aveva appena terminato una partita di bocce presso il campo di Siderno e si accingeva in compagnia di Francesco Commisso inteso «u quagghia», a far rientro presso la sua abitazione, quando nell'atto di salire sulla vettura di quest'ultimo, una Renault 5, venne affrontato, a viso scoperto da Pasquale Condello e Giovanni Saraceno, i quali esplosero al suo indirizzo più colpi di pistola, uccidendo Macrì e ferendo gravemente il suo braccio destro, Francesco Commisso. Il gruppo di fuoco si avvalse inoltre della copertura di Giuseppe Schimizzi e di tale Orlando di Locri, uomo di fiducia di Giuseppe Cataldo, alleato dei De Stefano. I killer giunsero sul posto a bordo di un'Alfa Romeo Giulia, rubata in Reggio Calabria, nella zona del tribunale e custodita a Locri dal clan Cataldo [...]

Il gruppo dei killer dopo l'omicidio proseguì verso Gioiosa Marina trovando rifugio presso il clan Mazzaferro, alleato dei De Stefano.

Dopo l'omicidio di Macrì, è la volta di Mico Tripodo, detenuto nel carcere di Poggioreale. A uccidere il boss di San Giovanni di Sambatello, su richiesta di Paolo e Giorgio De Stefano, sono due detenuti legati a Raffaele Cutolo, Agrippino Effigge, 23 anni, di Arenzano, in provincia di Napoli, in carcere per tentato omicidio, e Salvatore Esposito, 26 anni, di Marigliano, in attesa di giudizio per istigazione alla prostituzione.

Sulla cartella carceraria di Tripodo c'era scritto: GRANDE SORVEGLIANZA. Per i suoi clamorosi precedenti, il boss doveva essere controllato costantemente. Viene invece massacrato a coltellate davanti a un gruppo di detenuti e a tre guardie carcerarie che nulla possono per impedirne l'assassinio.

Secondo alcuni collaboratori di giustizia, Cutolo in cambio avrebbe ottenuto il sostegno della 'ndrangheta per riorganizzare, secondo la struttura e il modello delle cosche calabresi, quella parte di camorra che a lui faceva capo.[11] «Radio carcere diceva che era stata opera di Cutolo» racconta il pentito della camorra Carmine Alfieri. «Per noi era chiara la responsabilità di Cutolo che aveva fatto ammazzare Tripodo su mandato dei De Stefano.»

Il 16 ottobre 2007 Cutolo verrà condannato quale mandante di quell'omicidio dalla quarta sezione della Corte d'assise di Napoli.

Da quel momento, cioè dall'eliminazione nel carcere di Poggioreale del boss di Sambatello, i morti si conteranno a decine su entrambi i fronti. Pagherà con la vita anche Giuseppina Utano, di appena tre anni, figlia dell'autista di Tripodo, scampato all'agguato insieme alla moglie il 12 dicembre 1975.

Alla fine saranno i fratelli De Stefano e i loro alleati ad avere la meglio, grazie anche a una «serie di modalità di penetrazione pervasiva nelle istituzioni»[12] che coincidono con la creazione della «Santa».

La Santa

Con i boss più autorevoli che cominciano a indossare i cappucci della massoneria, la Santa rappresenta una svolta epocale nella storia della 'ndrangheta. Con la creazione di questa nuova «dote» viene ammessa la doppia affiliazione: l'élite del sistema criminale calabrese si garantisce l'entrata nelle logge segrete e la gestione del potere insieme a politici, professionisti e imprenditori: una sorta di rappresentanza politica diretta. Per dirla con Corrado Alvaro, il potere occulto, creato dalla violenza, comincia a conquistare quello ufficiale e finanziario.[13]

Raccontano i collaboratori di giustizia che a questo punto, nel giuramento utilizzato per sancire il passaggio da «sgarrista» a «santista» si comincia a fare riferimento a tre noti massoni del passato del calibro di Giuseppe Garibaldi, Giuseppe Mazzini e Alfonso La Marmora.

Secondo alcuni collaboratori, a concepire la Santa sono i fratelli De Stefano, Santo Araniti e Domenico Libri. Sono motivati dalla voglia di comandare, ma soprattutto di spezzare la subalternità della 'ndrangheta rispetto alla politica. Spiega Lauro: «I loro programmi uscivano dalle vecchie regole dell'Onorata Società, in quanto la Santa aveva dei propositi come sequestri di persona, traffici di droga, traffico di tutto ciò che portava guadagno». Secondo altri, invece, l'idea della Santa sarebbe farina del sacco dei boss di Toronto, già molto più emancipati nel rapporto con la politica e le istituzioni rispetto agli omologhi calabresi.

Racconta Gaetano Costa, un altro collaboratore di giustizia:[14]

> Fino alla metà degli anni Settanta nel reggino, la carica di «santista» non veniva riconosciuta e il grado massimo

all'epoca raggiungibile era quello di «sgarrista». Fu Mommo Piromalli che, attesi gli enormi interessi che all'epoca sussistevano nella zona di Reggio Calabria (il troncone ferroviario, la centrale siderurgica e il porto di Gioia Tauro, etc.), al fine di imporre una sua maggiore autorità, e quindi di gestire direttamente la realizzazione delle opere pubbliche, si fregiò del grado di «santista» che, a suo dire, gli era stato conferito direttamente a Toronto, dove esisteva una importantissima 'ndrina. Il grado di «santa» poteva essere conferito solo a 33 persone e si poteva attribuire a nuovi soggetti solo in caso di morte di un altro «santista». 'Ntoni Macrì da Siderno, che era uno «sgarrista» puro e un capo 'ndrina, insieme a Mico Tripodo, poi ucciso al carcere di Napoli, non volle riconoscere l'esistenza della «società di santa», che definiva bastarda, anche perché tra le regole di questa nuova società era prevista quella che consentiva di tradire ed effettuare delazioni pur di tutelare un santista. Ciò portò a dei contrasti anche sanguinosi che si conclusero con l'affermazione del Piromalli e del suo strettissimo alleato, Paolo De Stefano che fu, peraltro tra i primi, unitamente a Santo Araniti, a raggiungere il grado di santista. Poiché Mommo Piromalli era notoriamente massone o, comunque, vicinissimo ad ambienti della massoneria, per qualificare e differenziare ulteriormente la società della Santa da quelle minori, lo stesso introdusse, o comunque fece conoscere, la regola secondo cui ogni componente la società di Santa poteva entrare a far parte della massoneria. Quest'ultima circostanza mi venne rivelata da Peppino Piromalli, nel 1989, al carcere di Palmi. Peppino Piromalli, persona cui ero molto legato a che aveva una grande stima di me (e di cui, anche adesso che ho deciso di collaborare con la giustizia, mi dispiace parlare) mi chiamò in disparte e mi disse, che, poiché dopo qualche tempo sarei uscito dal carcere, avrei potuto avere l'occasione di entrare a far parte della massoneria o, comunque, conoscere componenti di tale organizzazione che mi avrebbero potuto aiutare in tutte le mie esigenze, non ultima quella c.d. «aggiustatina» dei processi.

Ci sono due fasi. «Sino alla prima guerra di mafia» spiega Giacomo Lauro, «la massoneria e la 'ndrangheta erano vicine, ma la 'ndrangheta era subalterna alla massoneria, che fungeva da tramite con le istituzioni.» La massoneria riceveva una percentuale su tutti gli affari che negoziava per conto della 'ndrangheta, grazie ai suoi contatti nelle istituzioni, ma anche tra politici, imprenditori, magistrati, appartenenti alle forze dell'ordine e bancari. Dopo la prima guerra di mafia, i clan vincenti decidono di entrare nella massoneria per trattare direttamente con i «fratelli» presenti nel mondo della politica, delle istituzioni, dell'economia e della finanza. «Fu così che Paolo De Stefano, Santo Araniti, Antonio, Giuseppe e Francesco Nirta, Antonio Mammoliti, Natale Iamonte, ed altri entrarono a far parte della massoneria» aggiunge Lauro. «E fu anche così che venne fuori l'idea di candidare alle comunali di Reggio Calabria l'avvocato Giorgio De Stefano, cugino dell'omonimo Paolo e Pietro Araniti, cugino del più noto Santo, [...] alle regionali. In questo contesto si fece pressione sul senatore Nello Vincelli per candidare alle politiche Vico Ligato, vicino alla famiglia De Stefano, e venne candidato l'avvocato Paolo Romeo, con trascorsi in Alleanza nazionale, nelle liste del Partito socialdemocratico.» Secondo Lauro anche alcuni magistrati erano entrati nella massoneria e i loro nomi venivano sussurrati all'orecchio del Gran Maestro senza lasciare tracce documentali.[15]

La Santa, insomma, è una specie di «termostato» con cui pochi determinano il futuro di molti, soprattutto negli ambienti in cui illegalità e legalità si confondono. Farne parte è decisivo.

I primi riscontri alla svolta voluta dai De Stefano e dai loro alleati arrivano il 18 ottobre 1975, quando Paolo De Stefano, Pasquale Condello, Saverio Mammoliti e Giuseppe Piromalli vengono fermati dalla squadra mobile di Roma durante una riunione nel ristorante Il Fungo insieme a Giuseppe Nardi, Manlio Vitale e Gianfranco Urbani detto «Er Pantera», esponenti della banda della Magliana. Secondo la polizia, De Stefano e Condello erano arrivati all'appuntamento a bordo dell'auto di Carmelo Cortese, uno dei calabresi iscritti alla P2, la loggia massonica coperta fondata da Licio Gelli, che ne era il Gran Maestro. Molti anni dopo, di quegli avvenimenti parlerà con i magistrati anche Cesare Polifrone, e le sue dichiarazioni consentiranno di capire e districare il fitto intreccio tra 'ndrangheta, riciclaggio del denaro proveniente dai sequestri di persona e massoneria deviata. D'altra parte, quando viene ucciso nel luglio 1976, il sostituto procuratore Vittorio Occorsio sta lavorando proprio a una indagine sull'acquisto della sede romana dell'Ompam, l'Organizzazione mondiale per l'assistenza massonica. Pochi giorni prima di essere assassinato, Occorsio aveva incontrato un magistrato di Zurigo, per discutere di un fascicolo relativo al riciclaggio di denaro proveniente dai sequestri di persona, a seguito del quale aveva convocato nel suo ufficio Licio Gelli per interrogarlo. Per l'omicidio di Occorsio verrà condannato all'ergastolo Pier Luigi Concutelli, uno dei capi di Ordine nuovo, più volte ospite del clan De Stefano a Reggio Calabria.

Il primo omicidio eccellente

A intuire, in quegli anni, la svolta della 'ndrangheta e a opporsi fermamente alla degenerazione della massoneria, di cui fa parte, è un altro magistrato, questa volta calabrese, originario di Conflenti, in provincia di Catanzaro. Si chiama Francesco Ferlaino. È un pubblico ministero del quale si dice un gran bene. Lo ammazzano il 3 luglio 1975, in corso Nicotera a Lamezia Terme, all'ora di pranzo, mentre rincasa da Catanzaro, dove lavora come avvocato generale dello Stato presso la Corte d'appello. Pochi minuti dopo le tredici, saluta l'appuntato che l'ha accompagnato, scende dalla macchina e si dirige verso casa, dove lo attendono la moglie e i cinque figli. Dal marciapiede opposto, dove nel frattempo si è fermata l'auto degli assassini, partono due scariche di pallettoni che lo raggiungono alle spalle: viene scaraventato con violenza a terra.

È il primo delitto eccellente in Calabria. Vengono identificati due possibili assassini: Pino Scriva e l'allevatore di cavalli Antonio Giacobbe, coinvolto anche nel tragico sequestro di Cristina Mazzotti, una diciottenne rapita e uccisa dalla 'ndrangheta in Lombardia proprio in quell'anno.

Entrambi vengono assolti dalla Corte d'assise di Napoli per insufficienza di prove. Il caso Ferlaino viene però riaperto nel 1983 e vede ancora una volta protagonista Pino Scriva, il quale, dopo tante evasioni, finisce nuovamente in carcere e decide di collaborare. Si autoaccusa, sostenendo di avere assassinato il giudice per conto di un pezzo da novanta della Democrazia cristiana calabrese, Antonino Murmura, il quale aveva deciso l'eliminazione di Ferlaino con il clan Piromalli di Gioia Tauro. Murmura nega ogni addebito e viene prosciolto da tutte le accuse. Il processo bis, su decisione della Cassazione, torna alla Corte d'assise d'appello di Napoli. Si riparte dalle dichiarazioni di Scriva e si conclude il 15 marzo 1988 con l'assoluzione dei due imputati, Giacobbe e lo stesso Scriva, per insufficienza di prove.

A confermare, molti anni dopo, l'esistenza in Calabria di una loggia massonica coperta a cui appartenevano professionisti, rappresentanti delle istituzioni, politici e 'ndranghetisti è il collaboratore di giustizia Filippo Barreca. «La loggia» racconta «si costituì quasi contemporaneamente alla mia investitura a "santista", in occasione della latitanza a Reggio Calabria di Franco Freda, e cioè nei primi mesi dell'anno 1979; anzi, fu proprio Franco Freda a formare questa loggia, uno dei cui principali fini istituzionali era l'eversione dell'ordine democratico. Freda mi disse che altra loggia analoga era stata costituita nella città di Catania. Va comunque sottolineato come una struttura di fatto costituita da personaggi eccellenti con la salda intesa di una mutua assistenza esisteva già da prima, e Freda si limitò a formalizzarla nel contesto di quel più ampio progetto nazionale che alla realtà reggina improvvisamente attribuì un ruolo di ben più ampio significato e spessore. Non bisogna dimenticare che già da tempo esisteva la "Santa".»[16] A chiedere a Barreca di ospitare nella propria abitazione il terrorista Franco Freda dopo la fuga da Catanzaro, dove era imputato per la strage di piazza Fontana, erano stati Paolo De Stefano e il cugino Paolo Martino. Freda verrà poi arrestato in Costa Rica.

Secondo i dati della Commissione parlamentare d'inchiesta sulla massoneria, negli anni dell'omicidio Ferlaino in Calabria esistevano duemilacinquecento iscritti, tanti dei quali appartenenti a logge coperte. Molti di loro erano anche affiliati alla 'ndrangheta.

Lauro, che insieme a Barreca collabora con i magistrati reggini, racconta di aver rapinato – l'11 ottobre 1976 – la filiale di Reggio della Cassa di Risparmio di Calabria e di Lucania e in quell'occasione di aver trovato nella cassaforte anche un'agenda di nomi con relativi numeri telefonici e ruoli ricoperti in una loggia locale della massoneria. Sostiene che nell'agenda c'erano i nomi di molte persone importanti, tra cui numerosi magistrati e rappresentanti delle istituzioni, insieme a tanti boss della 'ndrangheta. Di quell'agenda non ci sono più tracce. Sparita, come tanti altri documenti compromettenti.

Con i magistrati, Lauro parla anche dell'omicidio Ferlaino e lo inquadra in uno scontro destinato a rompere gli «equilibri all'interno della massoneria». Spiega: «Il Ferlaino, che era massone, all'epoca della sua morte ostacolava il nuovo progetto massonico-affaristico, che cominciava ad attecchire specialmente al Sud sotto la regia di Licio Gelli, che prevedeva l'accaparramento di ogni affare vantaggioso lecito o illecito che fosse. In sostanza, il Ferlaino si opponeva alla degenerazione della struttura massonica, da organismo lecito a illecito».[17] Si trattava di logge riservate, sfuggite al controllo degli organi istituzionali massonici e presto diventate luogo di incontri criminali.

Dopo l'eliminazione di Ferlaino scompare dal suo studio la relazione redatta per il Consiglio superiore della magistratura sulle presunte collusioni di diversi magistrati con la 'ndrangheta.[18]

Sono gli anni in cui comincia un dibattito serio in seno alla magistratura calabrese, non più espressione esclusiva di caste e tradizioni familiari, di persone raggruppate intorno ai circoli cittadini in un tutt'uno con i potentati locali. Sempre più spesso entrano in magistratura anche i figli di impiegati e contadini, che denunciano l'arretratezza della struttura e della cultura di certi pubblici ministeri che combattono gli effetti e non le cause del fenomeno mafioso. Viene denunciata anche la mancanza di indagini sulla gestione del potere e sulle clientele.

Non a caso, proprio nel 1976, sei mesi dopo l'omicidio Ferlaino, all'inaugurazione dell'anno giudiziario, il procuratore generale di Catanzaro, Donato Massimo Bartolomei, lancia una crociata contro l'imponente invasione della pornografia, stampata e filmata, definendola «droga psichica distruttiva di valori etici» che provoca «l'abbrutimento delle coscienze più labili e meno protette». Bartolomei riflette anche sulla 'ndrangheta, senza mai nominarla, e riprende vecchi cliché: «La società in trasformazione non ha mancato di trasformare la mafia. Rimane ormai superata, dai nuovi tempi, la vecchia mafia tradizionale, la quale, ad onta di tutte le sue colpe, pur vantava un codice d'onore, che, a dire dei suoi associati, faceva di essa una "onorata società". Si trattava di un codice d'onore, ch'era certamente distorto ed inaccettabile, in quanto si collocava al di fuori della legalità, ma che spesso riconosceva il carattere sacro dell'amicizia e dell'ospitalità, ed imponeva persino la più fattiva collaborazione, con la polizia e la magistratura, riguardo ad azioni delittuose riprovate dalla sedicente "onorata società"».[19]

La strage di Razzà

Un'ulteriore conferma degli intrecci tra 'ndrangheta e politica arriva con la strage di Razzà, nel comune di Taurianova, il primo aprile 1977, quando due militari dell'Arma interrompono una riunione nei pressi di una casupola diroccata.

Nel conflitto a fuoco perdono la vita l'appuntato Stefano Condello e il carabiniere Vincenzo Caruso, insieme a due 'ndranghetisti, Rocco Avignone e il nipote Vincenzo, rispettivamente di 46 e 27 anni. Un altro carabiniere, Pasquale Giacoppo, rimasto in auto a bordo strada, sentiti gli spari si precipita verso il casolare, ma non può fare nulla per impedire la fuga degli altri partecipanti al vertice nella vecchia casa colonica tra gli aranceti di contrada Razzà. Quando arrivano i soccorsi, oltre ai quattro cadaveri vengono trovati undici piatti fondi per altrettanti convitati. Un summit al quale avrebbe preso parte gente importante, di cui bisognava a ogni costo coprire la fuga. Scrivono Danilo Chirico e Alessio Magro, ricostruendo il seguito di quella vicenda:

> Prende in mano le indagini il pm di Palmi, Salvo Boemi. Per quaranta giorni mette a soqquadro un intero territorio per dare un nome ai partecipanti al summit, undici come i posti nella tavola imbandita. Il lavoro della polizia giudiziaria e le intercettazioni squarciano il velo sulla strage di Razzà. Il quadro ormai è chiaro. Vengono sospettati dell'omicidio pezzi da novanta della 'ndrangheta della Piana e non solo: con loro c'è il sindaco comunista di Canolo, Domenico Agostino [figlio di Nicola Agostino, arrestato durante l'operazione Marzano]. Il 18 maggio viene arrestato pure Renato Montagnese, sindaco democristiano di Rosarno e presidente del consorzio industriale. Nell'inchiesta è coinvolto anche un personaggio apparentemente di secondo piano. Si tratta di Vincenzo Cafari. È considerato vicino ai servizi segreti, coinvolto in molte vicende dell'ultimo trentennio in Calabria. È un uomo dalle mille relazioni pe-

ricolose, diventerà anche segretario particolare del senatore della Democrazia Cristiana Nello Vincelli. Alla fine il pm Salvo Boemi chiede il rinvio a giudizio per ventidue persone. Otto per omicidio e quattordici per falsa testimonianza e favoreggiamento. Parlano alcuni pentiti di 'ndrangheta. Tra loro anche il re delle evasioni Pino Scriva. E raccontano che a quel summit c'erano mammasantissima, faccendieri. E anche politici. La situazione sembra travolgere l'intero assetto politico-istituzionale e mafioso. Secondo il pentito, a discutere e mangiare ci sono boss del calibro di Giuseppe Piromalli, Saverio Mammoliti e Francesco Albanese, Girolamo e Giuseppe Raso. Soprattutto dicono che a trattare con i capibastone c'è un big della politica calabrese e nazionale: Antonino Murmura. È stato per due volte sindaco di Vibo Valentia, la sua città, ed è senatore della Democrazia Cristiana dal 1968. Un personaggio di quelli che contano in Calabria e a Roma – sarà più volte sottosegretario, in un caso anche agli Interni – chiamato in causa più volte dal pentito Pino Scriva per i suoi rapporti con le cosche della Piana di Gioia Tauro. Per lui l'accusa della procura di Palmi è di concorso in omicidio plurimo, associazione per delinquere di stampo mafioso, porto e detenzione abusiva di armi. Il procuratore di Palmi nel dicembre 1983 chiede al Parlamento l'autorizzazione a procedere. Intanto viene presto prosciolto Montagnese. La Corte d'assise di Palmi presieduta da Saverio Mannino condanna sette persone. È lo stesso pm a ritirare le accuse nei confronti di Murmura. In appello, nel 1984, la Corte conferma appieno l'impianto accusatorio, limando leggermente le pene per tutti gli imputati. È una storiaccia su cui restano molte ombre [...] [con] sospetti mai del tutto chiariti.[20]

Cafari, ex segretario dell'onorevole Vincelli, viene condannato per concorso in falsità materiale e favoreggiamento, per aver fornito un falso alibi a Giuseppe Avignone, coinvolto nella strage di Razzà.

Molti anni dopo, la sorella di uno dei due carabinieri uccisi, Rosaria Caruso, si toglierà la vita. In una lettera scritta prima di suicidarsi, nel 2005, si definisce «vittima della mafia e dello Stato». Lascia scritto: «Ho chiesto aiuto e nessuno me l'ha dato. Non posso più sopportare il male che mi ha fatto questo mondo». Invano aveva chiesto allo Stato un risarcimento postumo, ma soprattutto il riconoscimento per il fratello del titolo di «vittima dei reati di tipo mafioso».

Le parole più inquietanti, però, restano impresse nelle motivazioni con cui Saverio Mannino, presidente della Corte d'assise, nel 1981 condanna gli autori della strage. Scrive: «Dal groviglio degli alibi, dai "paraventi" difensivi, emerge la realtà di un'associazione per delinquere operante, viva, dai molteplici interessi e dalle ramificazioni complesse nella società [...] le tangenti [...] i conseguenti investimenti immobiliari e, infine, i collegamenti politici e la "rappresentanza romana"».[21]

Nonostante tutto, la 'ndrangheta resta ancora nel cono d'ombra del legislatore. Ignorata e sottovalutata.

L'omicidio di Giorgio De Stefano

L'ultimo atto della cosiddetta prima guerra di 'ndrangheta coincide con la morte di Giorgio De Stefano, il boss dell'omonima famiglia. De Stefano stava diventando troppo forte e non aveva mai riconosciuto il ruolo dei suoi alleati dopo la vittoria contro lo schieramento guidato da Tripodo e Macrì.

Con la scusa di ridiscutere appalti e subappalti legati al finanziamento di importanti progetti nell'ambito del «pacchetto Colombo», il 7 novembre 1977 viene convocato in contrada Acqua del Gallo, nel comune di Santo Stefano d'Aspromonte. Paolo De Stefano, che per un impegno non aveva potuto accompagnarlo, si fa sostituire dal cugino Enzo Saraceno. Giorgio De Stefano pernotta a casa di Rocco Musolino e il giorno dopo a bordo della Cinquecento del cognato di Musolino, Giuseppe Surace, raggiunge l'impervia località dove ad attenderlo ci sono esponenti delle famiglie Piromalli, Mammoliti e Mazzaferro di Gioia Tauro, Serraino di Cardeto, Gioffrè di Ceramida di Bagnara, Nirta di San Luca e altri.

Sarà proprio Surace a ucciderlo, ufficialmente a causa di vecchie ruggini.

Nel borsello di Giorgio De Stefano vengono trovati un'agenda con i numeri di telefono di esponenti importanti della malavita reggina, messinese, romana e milanese, ma anche cambiali per decine di milioni di lire, atti di vendita per 150 milioni, assegni bancari e preventivi di spesa per un miliardo e ottocento milioni.

Paolo De Stefano, il fratello, intuisce il messaggio e, come compromesso, accetta la testa di Surace, che così paga per tutti. La guerra trova la sua conclusione con un altro compromesso suggellato dai due schieramenti. Venanzio Tripodo, figlio di Domenico, sposa Teresa Romeo, figlia di Sebastiano, detto «U Staccu», uno dei boss più potenti di San Luca.

Spiega Lauro: «A seguito del matrimonio le due famiglie addivennero ad un chiarimento di tutta la situazione all'esito del quale venne stabilita la responsabilità di Natale Iannò per la strage del Roof Garden. Svelata la tragedia ed individuato il responsabile se ne decretò la morte che fu sancita da tutti i capi 'ndrangheta della provincia. Mandante dell'omicidio di Natale Iannò fu Paolo De Stefano con l'assenso di tutto il gotha della mafia calabrese».

Eliminati gli avversari, i nuovi boss della 'ndrangheta riescono a mettere le mani su appalti e subappalti, potendo contare sulla liquidità messa a disposizione per compiacenze politiche da molte filiali di banche locali e nazionali che concedono fidi sulla garanzia dei cognomi. In quegli anni nessuno nega un favore ai De Stefano e ai loro alleati. Né in banca, né in politica. C'è chi fa a gara per farsi vedere con loro. La contiguità diventa prassi, una presa d'atto istituzionale per il mantenimento della tranquillità. Con piccoli e grandi favori, la politica si compra il sostegno della 'ndrangheta.

Nel gennaio 1978, la squadra mobile della questura di Reggio Calabria denuncia decine di presunti boss, tra cui Paolo De Stefano, Pasquale e Domenico Libri, Santo Araniti, Domenico Araniti, Pasquale Condello, Giovanni Tegano, Girolamo, Gioacchino e Giuseppe Piromalli, Saverio, Antonio, Rocco, Serafino, Salvatore e Vincenzo Mammoliti, Giuseppe Pesce, Teodoro Mazzaferro, Peppino, Rosario, Francesco e Domenico Rugolo, Teodoro e Domenico Crea, Giuseppe e Antonio Avignone e molti altri. Tutti costoro vengono successivamente rinviati a giudizio con l'accusa di associazione a delinquere e altri reati. Al processo, emergono con prepotenza tutte le intimidazioni subite da amministratori locali e imprenditori, ma anche l'audacia e la spavalderia delle cosche reggine e la perdurante omertà che cuce ogni bocca. Molti sindaci diranno di aver appreso della presenza di mafiosi sul loro territorio solo attraverso le cronache giornalistiche!

Hanno le idee più chiare le forze dell'ordine che tracciano i profili criminali di boss come i Raso e gli Albanese, noti per far pascolare liberamente centinaia di capi bovini, le cosiddette «vacche sacre», nella zona dello Zomaro, invadendo tutti gli orti alla periferia dei centri urbani.[22] O come Giuseppe Avignone, che prima di arricchirsi e diventare proprietario di ruspe e autocarri, per il trasporto degli inerti e altre attrezzature, faceva il meccanico. «Ora è colono di numerosi fondi, ed è guardiano in tutta la zona» raccontano gli investigatori.[23] O ancora come il gruppo Piromalli-Mammoliti-Mazzaferro che «possiede circa 40 autocarri, [...] intestati a parenti e altri prestanome». Riferendosi a questo potente gruppo operante nella zona di Gioia Tauro, il comandante della locale stazione dei carabinieri, Umberto Raia, racconta di aver trovato durante una perquisizione un taccuino di Giuseppe Piromalli con «il numero telefonico del centralino della presidenza del Consiglio dei ministri».[24]

Al processo, vengono finalmente a galla anche le infiltrazioni mafiose nelle amministrazioni comunali.

Domenico Molè, genero di Giuseppe Piromalli, è consigliere comunale a Gioia Tauro. Girolamo Mazzaferro ha un cognato assessore comunale, mentre un altro cognato dei fratelli Girolamo, Teodoro e Francesco Mazzaferro è consigliere comunale. Sempre a Gioia Tauro un parente dei Mammoliti è consigliere comunale, come il figlio del boss Parrello a Palmi. A Sinopoli, invece, Rocco Alvaro, arrestato per sequestro di persona, per molti anni, era stato assessore comunale.[25]

«La 'ndrangheta ricatta e uccide ma per molti sindaci non esiste» titola «La Stampa». Il suo inviato Clemente Granata racconta il fallimento della commissione regionale che indaga sulla criminalità mafiosa in Calabria e definisce la 'ndrangheta un fenomeno delinquenziale che insegue il potere politico. Scrive il giornalista: «È affermazione ricorrente che quello della mafia prima di essere problema di ordine pubblico, è problema politico. E che, tra le altre cose, significa che c'è di mezzo la questione della classe dirigente e l'opportunità di un suo ricambio, per rompere con i sospetti di collusioni, di intrecci, di reciproci condizionamenti. La mafia calabrese – si dice – non è ancora essa stessa potere politico, ma è prossima a diventarlo».[26]

La vicenda più eclatante avviene nel 1983, quattro anni dopo l'articolo di Granata, a Limbadi, nel vibonese, dove Francesco Mancuso si candida in una lista civica e viene eletto sindaco, dopo essersi dato alla latitanza in seguito a una condanna del tribunale di Catanzaro.

Una vicenda grottesca.

Mancuso sosteneva di aver conosciuto Palmiro Togliatti e di aver partecipato alle lotte contadine degli anni Cinquanta e Sessanta. Per i suoi legami con la 'ndrangheta, nel 1973 era stato messo alla porta dal Partito comunista che non gli aveva rinnovato la tessera.

Il consiglio comunale di Limbadi, eletto nel 1983, verrà

immediatamente sciolto per infiltrazioni mafiose con decreto firmato dal presidente Sandro Pertini.

Eppure nella valutazione politica la 'ndrangheta resta sempre un passo indietro, rispetto alle altre mafie. Nella legge Rognoni-La Torre, che introduce il reato di associazione a delinquere di tipo mafioso, la 'ndrangheta non viene neanche menzionata. La nuova legge che prevede il sequestro e la confisca dei beni illegalmente conseguiti, non contiene, però, alcun riferimento alla punibilità del connubio mafia-politica, snodo fondamentale per comprendere la longevità delle mafie.

Nell'immaginario collettivo la 'ndrangheta, resta quella «mafia grigia, embrionale, senza le glorie e il passato di quella siciliana», efficacemente descritta nel 1975 da Maurizio Chierici sulle pagine del «Corriere della Sera»: un'organizzazione che, però, nel tempo, «ha scoperto il modo di diventare indispensabile mediatrice tra il potere politico e quello economico qui rappresentato (per lo più) dal pubblico investimento o impiego; quindi una mediazione bizantina che ritorna in privilegi elettorali agli uomini che governano la cosa pubblica, gli investimenti che quegli stessi uomini dovrebbero dedicare alla comunità, i milioni di bilanci sui quali pesano le tangenti mafiose».[27]

Una svolta che il legislatore non riesce o non vuole ancora cogliere e che verrà molti anni dopo segnalata anche dalla Commissione parlamentare antimafia, dopo l'acquisizione di informazioni sulla presenza diffusa della 'ndrangheta all'interno delle amministrazioni locali, nei vari enti pubblici e sul controllo in forma pressante e violenta di quasi tutte le opere realizzate in Calabria. «Facilitata dalla mancanza di adeguati strumenti di pianificazione del territorio» si legge nella relazione, la 'ndrangheta riesce a fruire «di larghe possibilità di operare nel settore edilizio con la conseguenza di produrre enormi guadagni per chi era tempestivamente diventato proprietario delle aree e per chi si era improvvisato imprenditore».

Mungere gli enti locali (Regioni, Province e Comuni) diventa, insomma, una pratica diffusa, in una regione economicamente basata sul terziario, sull'edilizia e sul turismo.

Tuttavia dietro l'angolo c'è la droga.

Il grande business. Quello che consente alla 'ndrangheta di soppiantare le altre «mafie» e diventare l'organizzazione che oggi tutti conoscono.

Ma come nasce l'interesse per l'eroina prima e la cocaina dopo?[28]

V
La svolta: il traffico di droga

Dopo lo smantellamento dell'industria dell'oppio deciso dal governo turco su pressione americana, agli inizi degli anni Settanta, la morfina base comincia ad arrivare in Europa e nel Nordamerica dal Sudest asiatico, da quella «Mezzaluna d'Oro» che abbraccia l'Iran, il Pakistan e l'Afghanistan. A consegnarla nelle mani dei broker italiani sono i baba, i narcos turchi.

Uno dei mediatori calabresi più intraprendenti è Roberto Pannunzi, ex dipendente dell'Alitalia, entrato nel giro della 'ndrangheta durante i suoi trascorsi a Toronto, in Canada. Nel 1978 incontra a Nizza André Bousquet e François Girard, i quali, secondo un rapporto della Direzione centrale della polizia del 27 ottobre di quell'anno, «unitamente a tale Graziani Gabriel, stava progettando, con finanziamenti provenienti anche da un non meglio identificato mafioso calabrese, l'impianto in Francia di un laboratorio clandestino per la raffinazione dell'eroina». Nel 1980 Bousquet verrà arrestato in Sicilia, insieme a Gerlando Alberti, nell'operazione che porta alla scoperta di due raffinerie.

Proprio in quegli anni, i carabinieri di Reggio Calabria fanno notare come i clan della Locride usino per il traffico di droga «le stesse linee di comunicazione utilizzate per il commercio delle "bionde"». Molte famiglie investono nell'eroina i proventi dei sequestri di persona.

Racconta Antonio Zagari:[1]

> Quando la mia famiglia aveva cominciato ad interessarsi al traffico di stupefacenti, inizialmente mi dispiaceva, ma non troppo, per chi ne faceva uso. All'epoca era ospite nostro Antonio Jerinò; furono lui e mio fratello Enzo a convincermi ad entrare nell'affare droga. Antonio Jerinò è fratello di Vittorio; l'ex latitante passato alle cronache recenti come il «bandito con il telefonino cellulare», implicato nel sequestro a scopo di estorsione di Roberta Ghidini, la ragazza rapita in provincia di Brescia nel novembre 1991 e rilasciata dopo un mese in Calabria. Antonio Jerinò già nel 1975 si era reso responsabile del rapimento avvenuto in Calabria di Tobia Materazzo tenuto con una catena ad un albero sulle pendici dell'Aspromonte. Antonio Jerinò, quando era ospite della mia famiglia, era collegato con le cosche della 'ndrangheta di Gioiosa Ionica e Africo Nuovo che lo avevano appositamente inviato presso di noi per organizzare e dirigere lo spaccio in provincia di Varese ma anche in alcune zone del comasco e del milanese, dove la richiesta era tale da permettere a più organizzazioni, piccole e grandi, di ricavare ingenti profitti. A spartirsi i grossi guadagni del mercato milanese della droga tra le famiglie più potenti, oltre a quella di Africo Nuovo, c'era l'organizzazione criminale del catanese Angelo Epaminonda, detto il Tebano che (come lo stesso confessò, dopo l'arresto avvenuto nel 1984, ai Giudici milanesi che verbalizzarono le sue rivelazioni) già nei primi anni Ottanta incassava quasi un miliardo di lire al mese tra spaccio di droga e gestione delle bische clandestine. Fra le organizzazioni calabresi che operavano tra Lombardia e Piemonte oltre a quella degli africoti vi era quella che rispondeva agli ordini del defunto boss di Reggio Calabria Paolo De Stefano, grande alleato della potentissima famiglia catanese di Nitto Santapaola del quale era amico personale e fraterno. Fu Paolo De Stefano, tramite Santapaola (come emerse anche al primo grande processo di Palermo contro la cupola mafiosa) a fare arrivare in Sicilia il pri-

mo ingente carico di mitra Kalashnikov divenuti in seguito le armi d'ordinanza con cui i mafiosi dell'isola formarono innumerevoli delitti eccellenti e non.

Zagari riferisce anche che molte famiglie di 'ndrangheta avevano riconvertito la loro attività passando dalle sigarette al traffico di stupefacenti e operando contemporaneamente nel campo dei sequestri di persona. E lo stesso sfata vecchi luoghi comuni: «Accantonata l'attività di rapinatore, che per quanto proficua consentiva entrate infinitamente inferiori a quelle realizzate con la droga, comincia a condividere in pieno la mentalità dei mafiosi calabresi secondo i quali la droga è da considerarsi una sorta di "benefattrice" dell'umanità in quanto permette di eliminare "deboli indegni" (cioè tossici) consentendo contemporaneamente ai "buoni amici" di fare soldi e portare benessere tra le loro famiglie... Per quanto mi risulta, per esperienza personale, andrebbe ridimensionata la "favola" sui vecchi 'ndranghetisti buoni umanitari che inizialmente furono contrari al commercio degli stupefacenti [...]». Una verità confermata anche da alcuni agenti americani sotto copertura durante un'operazione che avrebbe dovuto portare all'arresto di Saro Mammoliti. Thomas Angioletti e Dennis Silvestri, dell'ufficio antinarcotici americano, entrambi accreditati presso l'ambasciata a Roma, nell'aprile del 1973 avevano cercato di acquistare eroina e cocaina da Mammoliti, allora latitante. L'avevano incontrato in Calabria, come si rileva da un rapporto della squadra mobile sezione antinarcotici della questura di Roma, datato 14 giugno 1973, e il Mammoliti si era dimostrato disponibile a trattare, facendo presente che avrebbe dovuto ottenere il permesso di Antonio Macrì e Mommo Piromalli: «Se costoro avessero dato il benestare, egli disponeva di qualsiasi quantitativo di cocaina; per l'eroina, invece, doveva prendere contatti con l'estero» e in particolare con Paul Violi, boss di Montreal, originario di

Sinopoli, in Calabria. Il prezzo trattato era quattro milioni e mezzo di lire al chilo per l'eroina e dodici per la cocaina.[2]

Negli stessi anni, una delle prime famiglie coinvolte a Milano nello spaccio di eroina è quella dei Serraino-Di Giovine. Controlla piazza Prealpi, passando dalle sigarette alla droga (hashish, cocaina, eroina ed ecstasy). Nel giro è coinvolta la famiglia al completo, non esclusi tutti e dodici i figli. In particolare Maria Serraino, sorella del re dell'Aspromonte, don Ciccio, gestisce gli affari a Milano, mentre il figlio, Emilio Di Giovine, che vive in Spagna, traffica hashish dal Marocco in Inghilterra e cocaina dalla Colombia all'Italia.

Nel 1979 anche Saverio Morabito, insieme a Michele Amandini, comincia a spacciare droga nella zona di Corsico, nell'hinterland milanese. I due la acquistano da un turco e da un napoletano, entrambi residenti a Verona, gli incontri avvengono presso il ristorante Vecchia Milano in viale Gian Galeazzo oppure nella hall dell'Hotel de Milan. La rivendono poi a Bernard Salibà e Jean Vlaude, i quali in quegli anni sotto la copertura di un deposito di acque minerali avevano installato a Sanremo un laboratorio per la trasformazione della morfina base in eroina bianca.

Come aveva riferito lo stesso Zagari, sono gli anni in cui a Milano «comanda» Angelo Epaminonda, detto «il Tebano», occhi piccoli, naso un po' schiacciato e largo, da pugile, ex braccio destro di Francis Turatello, re indiscusso delle bische clandestine. Dopo l'arresto di Turatello, detto «Faccia d'angelo», il «Tebano» cerca di sostituirlo. Appoggiato dalla Nuova camorra di Cutolo, sfida i fratelli Mirabelli, rimasti fedeli a Turatello e sostenuti dalle cosche siciliane. Alla fine i morti saranno più di sessanta, compresi gli otto della strage nel ristorante La Strega, in via Moncucco, il 13 novembre 1979. In quegli anni, nella sola Milano si stimano circa 30.000 tossicodipendenti e un consumo giornaliero di eroina vicino ai 15 chilogrammi, qualcosa come un miliardo e 800 milioni di fatturato medio al giorno, 657 miliardi di vecchie lire all'anno. Viene prodotto un tipo di eroina, cosiddetto «caramellato» o «fragolino» per via del colore, costituito da eroina in sassolini, simile alle caramelle al rabarbaro. Viene ricavato dagli scarti della lavorazione nelle raffinerie francesi, ma fatto furbescamente passare per una qualità di droga diversa da quella finora acquistata sulla piazza di Milano. In Afghanistan il prezzo della morfina base è di 2000 dollari al chilo, contro i 3500 dollari della Turchia, gli 8000 della Grecia e i 12.000 di Milano. Dopo la raffinazione, un chilo di eroina arriva a costare 250 mila dollari al chilo negli Usa e 120-150 mila dollari in Europa.

All'inizio degli anni Ottanta, la 'ndrangheta intuisce le potenzialità della cocaina, grazie a una politica di contenimento dei prezzi da parte dei cartelli colombiani e al diffondersi dell'epidemia di Aids, la cui contaminazione viene in parte attribuita all'uso di eroina per iniezione.

Nella seconda metà degli anni Ottanta, poi, la produzione di cocaina eccede le capacità di assorbimento del mercato americano e inizia così l'espansione verso l'Europa. Prodotta in Colombia, Perù e Bolivia, la «neve» arriva in Italia dall'Argentina, dal Brasile, ma anche dal Venezuela e dai Caraibi. Fiorente in quegli anni è anche il traffico di hashish. Nel 1982 undici tonnellate raggiungono la costa ionica, al largo dell'ex Liquichimica di Saline, nel comune di Montebello Ionico, con il consenso della famiglia Iamonte. L'ingente carico è destinato al clan De Stefano e agli uomini di Pippo Ferrara, cugino di Nitto Santapaola. In quegli anni, l'hashish, considerato il petrolio del Libano, finanzia molte campagne elettorali. Il business è gestito da una ventina di famiglie del luogo, organizzate con sistemi mafiosi; grazie poi a una rete di complicità e appoggi nel mondo politico e nella burocrazia e con l'aiuto di fiancheggiatori nei quadri della dogana e della polizia, la merce affluisce senza ostacoli ai punti di lavorazione e smistamento.

Sempre nel 1982, la guardia di finanza scopre un vero e proprio import-export della cocaina: un'organizzazione potente e articolata, ramificata in mezzo mondo, che si serve di insospettabili corrieri per far arrivare la droga in Italia. La dirige Paolo De Stefano, 42 anni, capo riconosciuto della 'ndrangheta di Reggio Calabria. Proprio la figura di De Stefano, uno dei grandi nomi della malavita organizzata di stampo mafioso, sta a indicare come nel giro internazionale della droga, si innesti un altro ramo dell'attività criminosa: quello dei sequestri, i cui guadagni vengono investiti proprio nell'acquisto e nello smercio degli stupefacenti. A smascherare e neutralizzare la banda è il Nucleo centrale di polizia tributaria della guardia di finanza di Roma, che agisce agli ordini del giudice istruttore Vittorio De Cesare e del sostituto procuratore Federico De Siervo (uno dei cinque magistrati del pool antidroga della procura di Roma). Il bilancio dell'operazione è di otto persone arrestate e 15 chili di cocaina sequestrati in due settimane. Oltre al De Stefano (arrestato ad Antibes, sulla Costa Azzurra, in base a un mandato di cattura internazionale eseguito dall'Interpol) finiscono in carcere a Milano Aldo Revello, 40 anni, e la sua amica svizzera Daniela Lehmann, 32. Erano loro ad acquistare la cocaina in Brasile e a reclutare i corrieri che la portavano in Italia, pagandoli 10 milioni di lire a viaggio. A Busto Arsizio vengono invece arrestati un noto capobastone della 'ndrangheta, Giuseppe Vernaci, 52 anni, Elsa Bonsignori, 50, e Giovanni Marino, 31 (questi ultimi madre e figlio): i tre ritiravano la droga dai corrieri e provvedevano al suo collocamento presso spacciatori all'ingrosso, utilizzando come centrale una lussuosa villa sul lago di Como. Quali anelli terminali della catena, vengono identificate una ventina di persone, addette a rifornire di droga i piccoli spacciatori dell'Italia settentrionale, in particolare della Lombardia. Gli altri due arrestati sono Daniela Steffanini, 30 anni, e Giovanni Guadalupi, 45 anni. Proprio dalla cattura del Guadalupi, avvenuta nell'agosto 1982 all'aeroporto di Fiumicino – l'uomo aveva addosso due chili di cocaina purissima – aveva preso il via l'inchiesta della magistratura romana e della guardia di finanza. Tre anni dopo, il tribunale di Roma condanna De Stefano a diciotto anni di reclusione e a dieci milioni di multa per importazione e detenzione abusiva di alcuni chili di cocaina e associazione a delinquere finalizzata allo spaccio di sostanze stupefacenti.

Nel 1982, a Roma, vengono arrestate per traffico di droga diciassette persone, tra cui i proprietari di una trattoria e di un bar. La cocaina arrivava dalla Calabria ed era destinata ad alcuni night club di via Veneto e via dei Serviti. Cinque anni dopo, si scopre un giro di eroina che coinvolge esponenti del clan Strangio, residenti ad Albano Laziale, e del clan Catanzariti, entrambi originari di Platì. Per il trasferimento della droga la banda si serviva di treni – sulla linea Reggio Calabria - Roma- – oppure di auto di grossa cilindrata.

Nel 1984 a Reggio Calabria viene scoperta una rete di trafficanti che si avvaleva della complicità del direttore degli aeroporti di Reggio Calabria e Catania, Tommaso Agnello. Scrive Adriano Baglivo sul «Corriere della Sera»: «La cocaina attraversava gli spazi dell'aeroporto quasi in una situazione di "valigia diplomatica", senza far ricorso alle tecniche sperimentate dalla mafia siciliana, che consistono nella sostituzione delle fascette "rosse" (che indicano la provenienza estera delle valigie) con quelle verdi, utilizzate per i voli nazionali e quindi escluse dai controlli doganali».[3] Vengono coinvolti e successivamente condannati anche faccendieri di statura internazionale come Alberto Crepas. Si tratta di un «massone, correntista dell'Union des Banques Suisses e titolare della Sispa, una società di comodo nata per truffare il governo svedese dopo il terremoto in Irpinia, collegata ad altre società di facciata con sede a Losanna» scrive Lidia Barone, che prosegue: «Il volume di traffico di un tale gruppo deve essere stato sicuramente imponente, grazie non soltanto al pieno appoggio della cosca egemone [i De Stefano], ma anche alle coperture economiche notevolissime su cui poteva contare, alle complicità ad alto livello, alla possibilità di manovre finanziarie estremamente spericolate, rese possibili dalle società estere, ed alla facilità di accesso alle banche straniere. La mensa dell'aeroporto di Reggio, il Cral, gestito da Alberto Crepas, venne inaugurata alla presenza di alti magistrati, del prefetto, del questore, del deputato democristiano Lodovico Ligato: attraverso quei cancelli, immuni da ogni controllo, sarebbe passata in città l'eroina trasportata per via aerea. Le indagini sul colossale traffico hanno consentito, attraverso l'intercettazione di centinaia di telefonate, di accertare che almeno una parte dell'eroina smerciata dall'organizzazione era raffinata in Calabria».[4]

Crepas, uno dei protagonisti del traffico di eroina, conosce bene Licio Gelli e il viaggio di due corrieri viene interrotto precipitosamente proprio per l'arresto in Svizzera di Gelli.

Nel 1987 la questura di Caltanissetta segnala la presenza di un gruppo di calabresi e di siciliani coinvolto in una rete di trafficanti di droga a livello internazionale: agisce tra Beirut, Parigi, Roma, Istanbul, Dallas e New York. Il gruppo che fa capo a Leo Talia aveva creato canali di approvvigionamento dalla Spagna, dalla Turchia, dalla Colombia e dall'Argentina.

Il 21 maggio 1990, a Rota d'Imagna, in provincia di Bergamo, tre carabinieri notano una montagna di spazzatura davanti a una villa disabitata. Fanno irruzione e all'interno, tra provette e alambicchi, trovano due chimici francesi, collaboratori di Charles Altieri, ricercato per l'omicidio del giudice Pierre Michel, ucciso a Marsiglia nel 1981. Nella villa c'è anche un ragazzino di Platì emigrato a Corsico, Nunziatino Romeo, il quale, terrorizzato, si era nascosto in un armadio. Da Romeo arrivano a suo zio, Saverio Morabito: l'ex spacciatore di Corsico risulta intestatario delle fatture con cui erano stati acquistati gli alambicchi trovati nella villa di Rota d'Imagna. In quegli anni, Morabito è legato a doppio filo ad Antonio Papalia, ritenuto il boss più autorevole della 'ndrangheta in Lombardia. Sempre negli anni Novanta viene impiantata in Calabria una raffineria nella zona di San Leonardo di Cutro, come rivelerà ai magistrati Vincenzo Cavallaro, indicando come responsabili il palermitano Pietro Vernengo e i Mannolo che controllano quella frazione del comune di Cutro.

Il 15 ottobre 1991, dieci chili di cocaina vengono trovati in un'auto d'epoca spedita dall'Argentina e destinata a un meccanico di Gioiosa Ionica. Durante il blitz nell'officina la guardia di finanza scopre un'altra Ford T, identica a quella nella quale era stata trovata la cocaina. Confermerà Vittorio Ierinò, nella dichiarazione resa ai magistrati nel 1992 e successivamente ritrattata:

> Il sistema più utilizzato negli ultimi tempi per il trasporto della cocaina dal Sudamerica alla Calabria era quello delle autovetture d'epoca. Prima ancora era stato utilizzato quello del trasporto via mare sia di eroina che di cocaina in contenitori di plastica, grossi bidoni di plastica dura con tappo gigante che venivano gettati in mare dalle navi che li trasportavano e poi raccolti con l'uso di piccole imbarcazioni che partivano dalla costiera che va da Monasterace a Soverato: punto di riferimento era, infatti, il faro di Monasterace. Io ricordo bene due di questi episodi di trasporto di grosse quantità di droga verificatosi uno circa due anni e mezzo fa e l'altro circa un anno o un anno e qualche mese prima [1989-1990] ... Il primo dei due, in ordine di tempo, riguardava una partita di sola eroina che interessava a tutte le famiglie collegate al [clan] Mazzaferro. Si trattava, in particolare, oltre che del Mazzaferro, di Morabito Giuseppe di Africo, di Zappia Leo di Africo, di Mollica Leo di Africo, Palamara Bruno di Africo, Criaco Giuseppe di Africo, Pelle Salvatore figlio di Antonio di S. Luca, Vottari Gianni fratello del Giuseppe ucciso di S. Luca, Romeo Sebastiano «U Staccu», Romeo Antonio cugino di Sebastiano, uno degli Strangio «Barbari» ed uno degli Strangio soprannominati «Janchi», uno dei Barbaro di Platì che ha un negozio di ferramenta vicino al paese e che mi pare sia «pulito», Antonio Cataldo, figlio di Nicola che ritengo fosse mandato dallo zio Cataldo Giuseppe, giovani di Archi di Reggio Calabria mandati da Domenico Libri, ed altri giovani di Reggio man-

> dati da Tegano Domenico, i fratelli Molinetti di Archi e precisamente Giuseppe Molinetti, i fratelli Ambrogio, sempre di Archi, Pesce Vincenzo insieme con uno dei Pisano della Piana di Gioia Tauro, Giuseppe Mancuso ed un suo nipote di Limbadi, un certo Franco di Giffone del quale non ricordo il cognome [...] Erano tutti interessati all'affare, come ho detto, nel senso che ciascuno aveva investito una somma di denaro consistente, sempre in dollari, nella operazione. Detta operazione riguardava una enorme quantità di eroina nell'ordine di circa mezza tonnellata. Ora che ricordo posso dire che qualche volta, sempre per la stessa vicenda, è venuto da Milano Rocco Papalia, anch'egli per avere notizie della droga, in quanto aveva premura essendo rimasto senza droga nel suo territorio di Milano.

Sempre nel 1991, la polizia trova a Corsico, in Lombardia, il «libro mastro» del traffico di droga, due quadernetti fitti di C, indicante la cocaina ed E, per l'eroina, seguiti dai quantitativi e dai nomi dei destinatari delle spedizioni. Due gli arrestati, un calabrese originario di Platì e un palermitano. Nei quadernetti c'è traccia, a partire dal 1988, del passaggio di decine e decine, se non addirittura centinaia, di chili di eroina e cocaina.

Nel luglio 1992, la 'ndrangheta ormai entrata nel grande giro, perde un carico di 592 chili di cocaina, gestito dal clan Morabito-Bruzzaniti-Palamara di Africo e sequestrato dalla polizia locale a Fortaleza, in Brasile. La cocaina faceva parte di una spedizione complessiva di dodici quintali destinati al mercato italiano e in particolare alla piazza di Milano. Viene arrestato Domenico Antonio Mollica, del quale nel 1995 un collaboratore di giustizia dirà: «È una persona della quale c'è da aver paura solo a parlarne».

Dopo la guerra civile nell'ex Iugoslavia, la 'ndrangheta «convince i contrabbandieri albanesi, bulgari, turchi e islamici a deviare i loro traffici oltre il mar Adriatico, in Calabria, e da lì raggiungere l'Europa».[5] Terminate le guerre nei Balcani, le rotte calabresi sono talmente frequentate che quelle precedenti alla guerra civile in Iugoslavia non vengono più riaperte.

Il 5 marzo 1994, in un capannone di Borgaro Torinese, i carabinieri trovano 5497 chilogrammi di cocaina pura, sequestro record in Europa. Coinvolti in quell'enorme traffico, oltre ai Cuntrera-Caruana, ci sono alcune delle più potenti famiglie di 'ndrangheta. E nonostante le perdite subite in seguito a importantissime operazioni come «Decollo» e «Solare» – che svelano i rapporti sempre più stretti con i cartelli colombiani e messicani – negli anni Duemila, la 'ndrangheta arriverà a monopolizzare il traffico di droga in Europa.

Grazie alla droga, la 'ndrangheta accumula una montagna di denaro, con cui riesce a corrompere molti esponenti della politica, delle banche, dell'imprenditoria, delle libere professioni, la cosiddetta zona grigia «costituita da individui e/o gruppi che vivono nella legalità e forniscono un fondamentale supporto di consulenza per le questioni legali, gli investimenti, l'occultamento di fondi, la capacità di manovrare l'immenso potenziale economico dell'organizzazione criminale».

Le stime sul volume d'affari garantito dalla cocaina superano ormai i 30 miliardi di euro l'anno. Soldi che vengono riciclati in giro per il mondo, ma anche utilizzati per corrompere, infiltrare territori lontani da quelli di origine, «attrarre nella propria sfera di influenza soggetti legati al mondo dell'imprenditoria, della politica, dell'economia e delle istituzioni, che con essa talvolta colludono contribuendo a rafforzare la presenza sul territorio e ad alimentarne i circuiti di finanziamento».[6]

È una 'ndrangheta che dimostra di avere sempre più dimestichezza con il denaro. Tenta senza successo di inserirsi nella posta elettronica della Deutsche Bank di Milano per clonare titoli al portatore e rinegoziarli presso altre banche e cerca di mettere le mani sul Credito Sammarinese, depositando milioni di euro provenienti dal narcotraffico. Nel 2008 un'inchiesta della Direzione distrettuale antimafia di

Milano scopre che un clan della 'ndrangheta, grazie all'arruolamento del presidente di un consorzio di cooperative, era riuscito a utilizzare le strutture dell'Ortomercato di Milano, il più grande d'Italia, «come punto di riferimento logistico per incontri e per la gestione di grosse partite di sostanze stupefacenti. Nella rete degli investigatori finiscono 250 chili di cocaina e 90 cooperative, per lo più fasulle, utilizzate in modo da riciclare fino a nove milioni di euro in tre anni. Un vero e proprio castello societario che mette insieme gli affari di 'ndrangheta e Cosa nostra».[7]

La morsa della 'ndrangheta sull'economia diventa sempre più stretta.

VI

La seconda guerra di 'ndrangheta e gli omicidi eccellenti

Con l'entrata in vigore della legge Rognoni-La Torre, la 'ndrangheta, come le altre associazioni mafiose, è costretta a cambiare strategia per eludere le misure di prevenzione patrimoniali predisposte dal legislatore. Molti boss ricorrono con maggiore frequenza a broker e teste di paglia per investire i proventi della droga. L'edilizia resta uno dei canali privilegiati dalla 'ndrangheta per riciclare denaro, ma anche per «intercettare» e condizionare politici compiacenti.

In Piemonte, Lombardia, Liguria ed Emilia Romagna, gli imprenditori legati o associati alla 'ndrangheta monopolizzano il movimento terra e garantiscono ai «cumenda» locali manodopera a basso costo e recupero crediti, evitando «pastoie» sindacali e indugi giudiziari. Nello stesso tempo, in Calabria nei consigli comunali, provinciali e regionali vengono eletti cognati, suoceri, cugini, generi dei boss più potenti, quelli che si erano arricchiti con il sistema dei cosiddetti «padroncini» nel settore dell'autotrasporto o con i silos sul greto delle fiumare. La stessa 'ndrangheta rappresenta sempre più una «fonte di appoggi elettoralistici» per «persone senza scrupoli che siedono al Parlamento o ricoprono alte cariche pubbliche».[1]

Nel 1980 a Reggio Calabria vengono eletti consiglieri comunali l'avvocato Giorgio De Stefano nella DC e Pietro Araniti nel PRI, rispettivamente primi cugini dei boss Paolo De Stefano e Santo Araniti.

Nel contempo, a Rosarno il boss Giuseppe Pesce, appena rientrato dal soggiorno obbligato, fa campagna elettorale per i socialisti, mentre a Montebello viene eletto con il maggior numero di preferenze, sempre nel PSI, il latitante Paolo Foti.

Aumenta progressivamente anche il numero dei diffidati assunti come operai negli enti pubblici, secondo una logica clientelare che garantisce favori in cambio di voti. Durante i comizi, molti candidati importanti arrivano a bordo di auto guidate da 'ndranghetisti o, nella migliore delle ipotesi, da individui *borderline*. Non sfuggono a queste pratiche neanche i leader dei più importanti partiti nazionali, come Giulio Andreotti, il quale, il giorno dell'inaugurazione dei lavori per la realizzazione del Quinto centro siderurgico, a Gioia Tauro, viene portato a prendere il caffè nell'albergo di Gioacchino Piromalli.

Ha modi melliflui la 'ndrangheta, falsamente cortese – almeno con i potenti – salvo poi estorcere denaro a chi lavora onestamente o eliminare chi non si sottomette al suo dominio territoriale.

Sempre nel 1980, vengono uccisi due militanti del Partito comunista italiano: Giuseppe Valarioti, l'11 giugno a Rosarno, e Giannino Losardo, il 21 giugno a Cetraro. Prima di loro, nel 1976 e nel 1977, erano stati assassinati Francesco Vinci, leader della Federazione giovanile comunista italiana, e Rocco Gatto, un mugnaio comunista che a Gioiosa Ionica aveva sfidato la 'ndrangheta.

Sono anni in cui nonostante le centinaia di omicidi che si susseguono, si continua tranquillamente a mettere in discussione l'esistenza della 'ndrangheta, proponendone un'immagine rassicurante.

In una sentenza nei confronti di Giuseppe Piromalli e altri 44 imputati, pronunciata l'8 maggio 1981 dal tribunale di Palmi, presieduto da Giuseppe Gambadoro,[2] si legge che «il termine mafia o maffia è tutt'altro che univoco perché essa ha designato sempre fenomeni differenti – a volte positivi – quasi mai catalogabili entro schemi omogenei». Scrivono ancora i giudici: «[...] per mafia si è inteso, innanzi tutto, un particolare atteggiamento di costume originato dall'esasperato concetto della forza individuale unica e sola arbitra di ogni contrasto, donde l'insofferenza della prepotenza altrui».

Le parole più fuorvianti e discutibili riguardano proprio la presunta positività della 'ndrangheta, la quale, secondo gli estensori della sentenza «interviene sempre per difendere l'ordine, per procurare in ogni contrasto un accordo tra amici che doveva però essere in ogni caso accettato dagli interessati sotto pena di gravi rappresaglie». Ma non è tutto. Scrivono ancora i magistrati del tribunale di Palmi: «La mafia che potremmo definire di tipo tradizionale, malgrado qualche autorevole giurista abbia ravvisato in essa un'associazione per delinquere, non può ritenersi tale, posto che, prefiggendosi anche finalità illecite, perseguiva pure la lotta all'ingiustizia, componeva vertenze e, quindi, non può dirsi che avesse un preordinato e specifico programma delinquenziale».

Valutazioni discutibili che sembrano riflettere i giudizi sulla mafia come naturale conseguenza del generoso temperamento dei siciliani, espressi alla fine dell'Ottocento dal folclorista Giuseppe Pitré. Un cammino a ritroso.

L'uccisione di Bruno Caccia

Dopo aver ucciso il magistrato Francesco Ferlaino a Lamezia Terme, la 'ndrangheta elimina il procuratore della Repubblica di Torino, Bruno Caccia. È il 26 giugno 1983 quando il magistrato finisce sotto il tiro incrociato di due sicari, mentre porta a passeggio il cane, in via Sommacampagna, ai piedi delle colline torinesi. Sono gli anni di piombo. Anni di terrorismo, stragi, omicidi eccellenti. Con tre telefonate a «Stampa Sera», alla redazione romana del «Corriere della Sera» e alla sede milanese della Rai, le Brigate rosse rivendicano l'attentato. Ma la pista terroristica viene subito ritenuta poco credibile.

A Torino, in quegli anni, comandano il clan siciliano dei fratelli Miano e quello calabrese della famiglia Belfiore. La svolta nelle indagini si verifica due anni dopo, quando un esponente del clan Miano, Carmelo Giuffrida, comincia a fare le prime rivelazioni sul mandante dell'omicidio Caccia. Le dichiarazioni sono successivamente confermate dal boss Francesco Miano il quale, in carcere, arriva a registrare le confidenze di Domenico Belfiore. Si scopre così che a uccidere il magistrato era stata la 'ndrangheta, che invano aveva cercato di avvicinarlo e corromperlo, nel corso delle sue indagini: sui sequestri di persona, come quello di Marco Gatta, nipote del fondatore della Lancia; sugli omicidi, come quello di Paolo Gattuso; e sui tanti appalti illeciti.

Caccia era stato uno dei primi a capire l'importanza dei soldi generati dal traffico di droga e utilizzati per corrompere funzionari e pubblici amministratori. Una delle sue inchieste aveva cercato di far luce sulla gestione del centro clinico del carcere Le Nuove, un traffico di falsi certificati medici destinati a favorire mafiosi e 'ndranghetisti detenuti a Torino. «Chiunque poteva apprezzare le sue doti di umanità, le sue capacità di comunicare anche all'uomo della strada il senso della giustizia e dello Stato di cui era interprete tutta la sua persona» dice di Caccia il procuratore aggiunto, Francesco Marzachì, poco prima dei funerali, ai quali presenzia anche il presidente della Repubblica, Sandro Pertini.[3]

Tuttavia, nel 1989 a pagare è il solo Belfiore, condannato all'ergastolo quale mandante dell'omicidio. Gli inquirenti non si danno per vinti e ventisei anni dopo riescono ad arrestare anche uno dei presunti complici di Belfiore, Rocco Schirripa, un panettiere come lui originario di Gioiosa Ionica. Riescono a stanarlo grazie a uno stratagemma. Gli inviano la fotocopia di un articolo sull'omicidio Caccia con la scritta a penna: SE PARLO ANDATE TUTTI ALLE VALLETTE. Preoccupato per il messaggio ricevuto, Schirripa va a trovare prima Placido Barresi, cognato di Belfiore, che poi riferisce allo stesso Belfiore, agli arresti domiciliari. In diverse conversazioni i tre parlano e si tradiscono. Schirripa ammette d'essersi fatto scappare qualche parola con un altro 'ndranghetista. «Se [...] lo individuo» ribatte Barresi, «... è una cosa che mi sbrigo io... me lo tolgo dai piedi.» Lo stesso Barresi cerca di tranquillizzare Schirripa, ma sbaglia l'aritmetica giudiziaria, facendogli credere che l'omicidio, dopo trent'anni, sia ormai caduto in prescrizione. «Allora perché dobbiamo stare lì a preoccuparci?» si rincuora Schirripa. «È a protezione tua che ci stiamo preoccupando» replica Barresi. Il virus informatico con cui gli agenti della squadra mobile di Torino avevano infettato gli smartphone e i tablet del boss e dei suoi amici permette di intercettare tutte le conversazioni nell'abitazione di Belfiore. Si viene così a scoprire che a uccidere il procuratore Caccia sarebbero stati Schirripa e lo stesso Belfiore, già condannato quale mandante. Secondo l'accusa della Direzione distrettuale antimafia di Torino, il panettiere avrebbe esploso alla tempia del magistrato il colpo di grazia.

Emigrato a Torino il 14 luglio 1971, Schirripa, prima di questa pesante accusa era stato coinvolto in diversi reati, tra cui gioco d'azzardo, tentato omicidio e detenzione di armi. Affiliato alla 'ndrangheta, nel 2000 era stato arrestato per traffico di droga e condannato a dieci anni e due mesi di reclusione. Il legame con Belfiore era stato suggellato anche in chiesa, quando nel 1982 il boss calabro-piemontese aveva tenuto a battesimo la figlia di Schirripa.

Insomma, fino al dicembre 2015 quello che si sapeva sul primo delitto eccellente delle mafie al Nord era legato ai nastri (poi giudicati inutilizzabili) sui quali nel 1984, con un apparecchio fornito dai servizi segreti, il collaboratore

Francesco Miano aveva registrato, in cella, le confidenze di Belfiore. Caccia andava ucciso perché rappresentava un ostacolo per la 'ndrangheta, a differenza di altri magistrati torinesi che allora erano «avvicinabili». Una triste verità.

La seconda guerra di 'ndrangheta

Due anni dopo l'omicidio del procuratore Caccia, in Calabria scoppia la seconda guerra di 'ndrangheta. A far saltare gli equilibri mafiosi, ormai da tempo compromessi, è un matrimonio. Antonino Imerti, boss dell'omonimo clan che controlla la zona di Fiumara di Muro, nel 1983 sposa Giuseppina Condello. L'alleanza tra gli Imerti e i Condello viene vista dai De Stefano come una minaccia al loro potere. Due anni dopo, l'11 ottobre 1985, questi ultimi decidono di regolare i conti servendosi di un'autobomba. Imerti rimane illeso, mentre rimangono uccisi due suoi uomini. Per giustificare l'attentato, i De Stefano avevano attribuito a Imerti la sparizione di un carico di droga acquistato insieme ad alcuni boss di Cosa nostra.

Imerti, detto «Nano feroce» per la statura, ma anche per il carattere violento, non perde tempo. Due giorni dopo, fa uccidere Paolo De Stefano, il boss della famiglia rivale. È guerra!

Con gli Imerti si schierano i Condello, i Saraceno, i Fontana, i Rosmini, i Lo Giudice e i Serraino. Con i De Stefano, guidati da Orazio, l'ultimo dei fratelli sopravvissuto alle due guerre, ci sono i Libri, i Tegano, i Latella, i Barreca, i Paviglianiti e gli Zito. Allo scontro prendono parte anche famiglie che operano in Lombardia, come i Paviglianiti e i Di Giovine, mentre i Latella-Labate si dividono schierandosi su fronti contrapposti. Per rinsaldare il legame con i suoi principali alleati, il 2 dicembre 1985 Orazio De Stefano sposa Antonietta Benestare, nipote di Giovanni Tegano.

Lo scontro proseguirà fino al 1991, lasciandosi dietro una

scia di sangue e dolore. I morti saranno almeno settecento. Tra il 1985 e il 1987 vengono assassinati tre imprenditori, titolari di ditte di fiducia dell'amministrazione comunale di Reggio Calabria, e un dipendente del locale ufficio acquedotti. «I quattro» scrive Lidia Barone, «che gravitano intorno alla cosca Libri, alleata con i De Stefano, avevano costituito un meccanismo perfetto che per funzionare non aveva neppure bisogno di delibere o certificazioni istituzionali. L'ufficio acquedotti segnalava infatti una quantità straordinaria di lavori di pronto intervento che, sulla base di una ferrea ripartizione territoriale della città, venivano affidati sempre alle stesse imprese e distribuiti con una logica proporzionale al grado gerarchico dei titolari nella geografia delle cosche reggine.»[4] Sempre in quest'ottica di ripartizione del territorio, Giandomenico Iracà, macellaio, viene ucciso perché non accetta le forniture di carne imposte alla sua azienda dai De Stefano, mentre nel 1985 il vigile urbano Giuseppe Macheda paga con la vita la correttezza e lo zelo nel controllare il settore dell'abusivismo edilizio.

Si spara anche a Gioia Tauro, dove nel 1987 viene ucciso il sindaco, Vincenzo Gentile, medico di fiducia di Giuseppe Piromalli. Al processo contro il boss e altri 'ndranghetisti della piana di Gioia Tauro aveva dichiarato che in Calabria «la mafia non esiste».

Dieci anni dopo, a ricostruire le dinamiche di quell'omicidio contribuisce un collaboratore di giustizia che lo attribuisce a una ritorsione della 'ndrangheta per un favore negato a un nipote dei Piromalli.

«Per carità, non tiri anche lei fuori la 'ndrangheta» dichiara Giuseppe Piromalli a Gianfranco Manfredi in una intervista pubblicata su «Il Messaggero». «Tutti volevamo bene a Gentile.»

«Già ma qualcuno che gli voleva male doveva pur esserci, visto come è stato ammazzato. Chi era?» lo incalza il giornalista.

«Perché nelle ipotesi che si fanno si esclude la politica?» replica Piromalli. «Era un sindaco, un uomo politico, no? E allora perché non si indaga nella politica? Forse perché non conviene a nessuno? I veri giochi sporchi, la vera mafia, in Calabria, in Italia, è la politica, il potere: io ve l'ho sempre detto a voi giornalisti.»[5]

Un anno prima, mentre era in carcere, lo stesso Piromalli aveva chiesto l'iscrizione al Partito radicale. «[...] sono fiero» aveva replicato Marco Pannella, «che un uomo come Giuseppe Piromalli, un "padrino" come lui, se è vero quel che se ne sa, ridotto al carcere per il resto dei suoi giorni, privo ormai di vero potere per quanto riguarda la propria esistenza, prenda la tessera radicale.» È una delle tante provocazioni di Pannella. Ma in Italia non stupisce nessuno. Come se la gente fosse ormai assuefatta alla convivenza con la criminalità mafiosa.

E intanto lo Stato che fa?

Nel 1986 se lo chiede anche il procuratore generale di Catanzaro, Attilio Blandaleone, nella sua relazione all'inaugurazione dell'anno giudiziario. Fa poco, chiarisce subito l'alto magistrato, suscitando la reazione stizzita del guardasigilli Mino Martinazzoli, che da Crotone replica: «Io penso che le denunce dei magistrati debbano essere quelle giudiziarie, quelle politiche non mi interessano...».[6]

L'analisi di Blandaleone è lucidissima. E va dritta al cuore del problema: «I rapporti tra mafia e politica in Calabria non si presentano strutturalmente diversi da quelli esistenti in Sicilia. [...] la presenza della "'ndrangheta" in ogni settore dell'ecomomia, il suo coinvolgimento nel traffico di droga e l'accumulazione di ingenti capitali, hanno indotto la mafia calabrese – così come quella siciliana – a invertire i suoi rapporti con la politica, sostituendo il vecchio meccanismo di delega al notabilato locale col nuovo sistema di rappresentanza diretta – che vede esponenti della mafia inseriti in prima persona in molti consigli elettivi». Dopo aver ricordato le logiche clientelari delle cosche, Blandaleone segnala come «l'influenza della 'ndrangheta, soprattutto in provincia di Reggio Calabria, arrivi a controllare il 30 per cento dell'elettorato nei piccoli paesi e il 10-15 nei centri di grandi dimensioni». Infine richiama l'attenzione sulla quella strana guerra che non viene combattuta con il coerente e compatto impegno di tutte le istituzioni e di tutte le forze sociali. Si tratta di «una strana guerra nella quale fino ad oggi piccoli gruppi di uomini al servizio della legge, disorganizzati e privi delle necessarie risorse, sono stati lasciati soli di fronte a un nemico addestrato, sanguinario ed invisibile che si nasconde talvolta nell'interno stesso delle istituzioni».

Un anno prima, oltre al vigile Macheda, la 'ndrangheta aveva ucciso sia il comandante della stazione dei carabinieri di San Luca, brigadiere Carmine Tripodi, sia il direttore del carcere di Cosenza, Sergio Cosmai. Il primo era stato ammazzato per non aver ceduto alle intimidazioni e al condizionamento ambientale; il secondo per aver resistito a ripetute minacce, mentre si prodigava per riportare ordine e disciplina tra i detenuti, nel rispetto della legge.

Non c'era stata alcuna reazione a queste morti. Né da parte della gente, dell'opinione pubblica, né da parte della politica. Nei tribunali continua a mancare l'inchiostro per le stampanti, gli organici sono al collasso e tanti magistrati, sebbene scortati, sono costretti ad anticipare personalmente i soldi per pagare la benzina delle auto di servizio. *Reggio sembra Beirut* titolano i giornali, alludendo agli attentati dinamitardi con cui le famiglie si contendono il controllo di appalti, subappalti ed estorsioni. Ci sono latitanti che si sposano in chiesa e processioni con statue che si fermano davanti all'abitazione dei boss per inchinarsi in segno di rispetto.

La paura della 'ndrangheta fa crescere lo scetticismo nei confronti di chi cerca di combatterla. Ogni tanto qualcuno ricorda l'importanza della lotta alla criminalità mafiosa, ma poi tutto torna come prima, cioè nell'alveo di quell'atteggiamento remissivo che fa scorrere ogni cosa, in un'apocalisse di speranze e illusioni.

L'omicidio di Giuseppe Galluccio

Mentre a Reggio infuria la seconda guerra di 'ndrangheta, nella notte tra il 4 e il 5 giugno 1988, a Ferruzzano, viene ucciso, con cinque colpi di lupara, Giuseppe Galluccio, titolare di una impresa di costruzioni di Sant'Agata del Bianco e iscritto al PSI. Era appena uscito dalla villa di Giovanni Sculli, presidente dell'Istituto autonomo case popolari, preceduto da Giovanni Palamara, assessore regionale alla Forestazione e da Saverio Zavattieri, deputato della zona, socialista come tutti gli altri partecipanti alla riunione.

Perché quest'omicidio? Ma soprattutto, perché a distanza di quasi un mese si suicida misteriosamente il suo uomo di fiducia, Giuseppe Scuruchi? Due morti legate dal mistero. Nessuno dei presenti nella villa di Ferruzzano riesce a dare un contributo valido alle indagini. Di che cosa si era discusso quella sera? Certamente di appalti, ma anche di questioni politiche.

Solo molto dopo, nonostante l'ostinata reticenza dei testimoni, si scoprirà che a quella riunione aveva partecipato anche Antonio Cordì, detto «Il ragioniere», consigliere comunale di Locri, caposquadra forestale, imputato e poi assolto per associazione mafiosa, sottoposto a diffida con ritiro della patente, ma soprattutto fratello del boss dell'omonimo clan. Un altro fratello gli era stato ucciso nel 1967 nella strage di piazza Mercato, sempre a Locri. Quando, durante un'intercettazione telefonica, salta fuori il nome di Cordì, a molti dei presenti alla riunione torna di colpo la memoria. «C'era, ma non pensavamo che la sua presenza fosse da segnalare» si giustificano. Altri fanno a gara a difenderlo, come se qualcuno lo avesse chiamato in causa o gli avesse contestato qualche ipotesi di reato. L'allora sindaco di Locri, Giuseppe Armando Galasso, ai giornali dichiara: «Antonio Cordì è un cittadino esemplare della nostra comunità. Un lavoratore. Una persona dabbene. Un locrese che onora Locri». Qualche anno dopo, Cordì verrà coinvolto nell'operazione «Primavera» e condannato all'ergastolo. Morirà in carcere nel 2007, per un tumore. Un altro dei partecipanti alla riunione di Ferruzzano, l'assessore Palamara, verrà in seguito arrestato per vicende legate alla forestazione, processato e successivamente prosciolto. Il movente del delitto Galluccio rimane oscuro, celato tra le pieghe di un continuo e crescente intreccio d'interessi tra 'ndrangheta e politica, probabilmente legato a un mancato accordo per la spartizione del denaro pubblico nel settore della forestazione; ma restano solo sospetti. L'intreccio politico-affaristico-mafioso, invece, riesplode in modo drammatico poco più di un anno dopo.

L'omicidio di Lodovico Ligato

Se ne vanno via alla spicciolata gli ospiti di Lodovico Ligato, nella villa di Bocale, la sera del 26 agosto 1989. L'ex presidente dell'Ente Ferrovie, coinvolto nello scandalo delle lenzuola d'oro, dopo aver salutato una coppia di amici sta per rientrare in casa quando viene raggiunto da diversi colpi d'arma da fuoco. Due sicari l'avevano atteso per tutta la serata nascosti in un edificio in costruzione, di fronte alla villa dove l'ex parlamentare democristiano trascorre le vacanze con moglie e figli. Su quel cadavere ingombrante cade il silenzio della città e di tutti coloro che lo avevano sempre votato. Neanche allo stadio c'è voglia di ricordarlo. Nonostante l'invito dello speaker, i quindicimila del Granillo di Reggio Calabria restano in silenzio. L'imbarazzo più grande è quello della Democrazia cristiana. Tacciono tutti, tranne Oscar Luigi Scalfaro: «Ligato è nostro, perché fu nostro deputato e perché a quel posto di responsabilità non c'è arrivato da solo» dichiara in una riunione del Consiglio nazionale del partito dopo l'agguato di Bocale.

La carriera politica di Ligato aveva conosciuto tante ombre, opacità, come mette in evidenza l'Alto commissario per la lotta alla mafia in una relazione consegnata ai magistrati: «Viene dato per assolutamente pacifico e notorio nella regione» vi si legge «che l'ascesa politica del Ligato e il numero considerevole di voti di preferenza ricevuti siano stati favoriti dall'appoggio della famiglia facente capo al famigerato Paolo De Stefano». Nella stessa relazione vengono descritti anche i rapporti di Ligato con l'ingegnere Rocco Zoccali – consuocero di Ciccio Serraino, re dell'Aspromonte, alleato degli Imerti-Condello nella guerra contro i De Stefano – di cui agevola l'elezione a presidente dell'Usl di Reggio Calabria.[7]

È la perizia balistica a dare una svolta alle indagini. Una delle armi usate per uccidere Ligato era stata utilizzata per gli assassinii di Vincenzo Caponera e Vincenzo D'Agostino, entrambi appartenenti al clan De Stefano-Tegano. Si tratta di una Glock calibro 9 parabellum, in possesso del clan Condello-Serraino-Rosmini.

Pare che l'ex presidente dell'Ente Ferrovie volesse costituire un consorzio di imprese per partecipare ai lavori e agli appalti che erano in arrivo a Reggio. C'erano 2000 miliardi da spartire e il ritorno in Calabria di Ligato rischiava di far saltare gli equilibri politico-mafiosi.

Le indagini riescono ad accertare le responsabilità di esecutori e mandanti. Tra gli altri vengono condannati Pasquale Condello, Santo Araniti, Diego Rosmini, Domenico e Paolo Serraino.

Araniti nutriva risentimenti per i De Stefano, perché riteneva di non aver ricevuto benefici dagli appalti del raddoppio ferroviario Villa-Reggio, nonostante l'allineamento contro le cosche guidate da don Mico Tripodo nella prima guerra di mafia. E siccome Ligato era considerato «la testa del gruppo De Stefano dentro la politica» la decisione di eliminarlo era stata ovvia conseguenza di quel risentimento. «Vuole tutto lui, e vuole tutte le cose» aveva sentenziato Araniti, nel corso di una conversazione con Filippo Barreca.

Lo stesso Barreca, dopo la decisione di collaborare con la giustizia, consegna ai magistrati un giudizio duro e vero: «Purtroppo, gira e gira sono sempre gli interessi che determinano gli scontri». Scrivono i giudici della Corte d'assise d'appello nella sentenza per l'omicidio Ligato: «[La 'ndrangheta] era in grado di orientare voti sufficienti a determinare l'elezione dei politici, per cui era in rapporti con quell'ambiente, traendone ritorno al momento degli appalti, in cui si spartiva una quota del 10 per cento per i politici e una del 5 per le cosche. [...] I clan della 'ndrangheta in precedenza si limitavano a ricevere il pizzo dalle imprese nella misura del 3 per cento su tutti i lavori in città e provincia a titolo di protezione dei cantieri, a prescindere dalla forza politica o gruppo di potere che aveva favorito l'appalto, la cui area di appartenenza rimaneva così indifferente. Dopo lo scoppio della guerra di mafia, questo sistema non era stato ritenuto più sufficiente perché la 'ndrangheta aveva operato un salto di qualità, pretendendo di gestire direttamente gli appalti: a tal fine giovava il rapporto con i politici».[8]

Nella stessa vicenda vengono coinvolti, quali presunti mandanti dell'omicidio Ligato, quattro importanti politici reggini, l'ex sindaco Piero Battaglia, Francesco Quattrone, Giuseppe Nicolò e Giovanni Palamara. Dopo l'annullamento della misura cautelare, il gup di Reggio Calabria dichiara nei loro confronti «il non luogo a procedere». È un omicidio che lascia il segno: «Mai prima di allora – scriveranno i giudici – e pur nella sequela impressionante di gravi omicidi che proprio in quegli anni insanguinavano la città di Reggio Calabria, oltraggiandone per sempre l'immagine, la furia omicida aveva colpito così in alto; mai prima di allora era rimasto vittima un esponente politico di rilievo nazionale; mai prima di allora era stato "toccato" un rappresentante delle Istituzioni di tanta autorevolezza».[9]

Lo stragismo dei Corleonesi

Nel giugno 1991, Totò Riina cerca di coinvolgere la 'ndrangheta nella strategia messa a punto per gettare l'Italia nel caos. Franco Coco Trovato, calabrese di Marcedusa emigrato a Lecco, imparentato con i De Stefano e indagato per traffico di droga dalla magistratura lombarda, scende in Calabria per incontrare alcuni importanti boss calabresi, presso l'hotel Sayonara di Nicotera Marina. Racconta Umile Arturi, oggi collaboratore di giustizia: «All'incontro presi parte anch'io, insieme a Franco Pino, Nino Pesce, Silvio e Giuseppe Farao, Santo Carelli, Cataldo Marincola e il figlio di Paolo De Stefano. La proposta di organizzare attentati sull'esempio dei Corleonesi, però, non venne accolta e Coco Trovato ci rimase male».

Nella sua delirante strategia, Cosa nostra procede da sola, anche se non tutti sposano la politica del basso profilo, come cerca di dimostrare la Direzione distrettuale antimafia di Reggio Calabria, acquisendo i verbali dell'operazione «Sistemi Criminali», archiviata in Sicilia per problemi di competenza territoriale.

Dopo il no iniziale, pare che negli anni delle stragi la 'ndrangheta abbia assicurato ai cugini di Cosa nostra mezzi, appoggi logistici e uomini, come l'armiere del clan Lo Giudice, Antonio Cortese.[10] Se sia vero o meno, lo stabiliranno le indagini in corso.

L'omicidio di Antonino Scopelliti

L'ultimo atto della guerra in Calabria, il 9 agosto 1991, è l'omicidio del magistrato Antonino Scopelliti, sostituto procuratore presso la procura generale della Corte di cassazione. Questo delitto costituisce uno dei momenti più importanti della collaborazione con Cosa nostra. La morte di Scopelliti avrebbe dovuto ritardare la trattazione del maxiprocesso, di cui era pubblico ministero, al fine di far scadere i termini massimi di carcerazione preventiva e garantire la conseguente remissione in libertà dei detenuti.

Scopelliti, un magistrato integerrimo e preparato, si trova in vacanza a Campo Calabro, il suo paese d'origine, a due passi da Villa San Giovanni. Viene eliminato con un colpo di pistola alla nuca mentre, a bordo della sua auto, da solo, sta rientrando a casa dopo una mattinata trascorsa al mare.

Ai funerali ci sono i vertici della Repubblica e una folla silenziosa, quasi rassegnata. Ci sono il capo dello Stato, Francesco Cossiga, il ministro dell'Interno, Vincenzo Scotti, il vicepresidente del Consiglio superiore della magistratura, Giovanni Galloni, il procuratore generale della Cassazione Vittorio Sgroi. C'è anche Giovanni Falcone nel nuovo ruolo di responsabile degli affari penali del ministero di Grazia e Giustizia. Tutti a rendere l'ultimo saluto a Scopelliti, ucciso, come rammenta monsignor Andrea Cassone durante l'omelia: «perché non si è piegato alle volontà criminali dei suoi nemici».

In un articolo pubblicato il 9 marzo 1992 sul «Corriere della Sera» aveva detto la sua sulla polemica per le «scarcerazioni facili».

«Non si tratta di toccare la Costituzione» aveva scritto, «ma di rendersi conto che ove in un processo ideale si volessero ridiscutere i messaggi del Costituente, uno certamente è... fuori discussione: i diritti di chi viola la legge non possono essere più garantiti dei diritti di chi la rispetta.»

Scopelliti era noto per le sue caratteristiche di pubblico ministero sereno, ma severo, nei più importanti processi di mafia approdati alla Corte di cassazione.

Dopo quell'ennesimo delitto eccellente che precede le stragi di Palermo, Vittorio Grevi non nasconde la propria indignazione. Scrive sul «Corriere della Sera»:[11]

> Un tragico richiamo alla realtà. Questo è il vero significato politico del barbaro assassinio di Scopelliti. E la realtà è quella sotto gli occhi di tutti: esistono almeno tre o quattro

> regioni del Paese nelle quali quasi ogni giorno si spara e si uccide, senza che si riescano ad avvertire i segni di una reazione dello Stato decisa e intransigente come le circostanze richiederebbero. Quando, poi, il livello degli omicidi si innalza, e dal piano dei regolamenti di conti tra bande rivali si passa a colpire i rappresentanti delle istituzioni, dopo i primi giorni di sdegno tutto ritorna più o meno come prima. Così è già accaduto molte volte in passato, e così accadrà ancora se governo e Parlamento non si renderanno conto che la mafia e le altre analoghe organizzazioni criminose rappresentano la più drammatica «emergenza politica» della nostra società, per cui in larghe zone del territorio nazionale molti cittadini dubitano ormai della stessa esistenza di uno Stato di diritto. [...] Finché i nostri uomini politici non avranno capito che per affrontare la mafia occorrono una volontà ed una determinazione davvero eccezionali (sul piano dei mezzi e delle strutture), senza calcoli strumentali e senza riguardi per nessuno, sarà difficile essere ottimisti sull'esito dello scontro. Fino ad allora anche il sacrificio di uomini come Antonino Scopelliti risulterà inutile, tanto più se non si riuscirà a scoprire subito né i mandanti né i sicari. Ed ancora una volta, in Calabria come in Sicilia, si diffonderà l'idea devastante di uno Stato debole, che non sa nemmeno essere garante delle proprie leggi e dei propri servitori.

Parole profetiche, soprattutto alla luce dell'archiviazione del procedimento, dopo l'assoluzione dei boss di Cosa nostra dall'accusa di essere stati i mandanti dell'omicidio Scopelliti.

La pace

Dopo l'eliminazione di Scopelliti, in Calabria scoppia la pace. Anzi, più che una pace è un patto di non belligeranza: la guerra si conclude senza vincitori né vinti, ma con la volontà unanime di mettere da parte le armi per tornare a concentrarsi su soldi e potere. Il «nuovo corso» viene dettato dalla necessità di ridurre l'attenzione e la pressione dello Stato sulla città e sulla provincia di Reggio Calabria, per poter continuare in tutta tranquillità a gestire una serie di affari, dagli appalti pubblici e privati al lucroso traffico di stupefacenti, senza dover più pagare il grande costo, e correre l'alto rischio di una guerra che aveva decimato le famiglie di entrambi gli schieramenti, colpendo non solo i picciotti ma anche quadri dirigenti di notevole spessore criminale.

La 'ndrangheta torna così ad agire sotto traccia, imboccando di nuovo la via che le aveva permesso di esercitare un pesante controllo del territorio senza che il suo potere fosse a tutti evidente. A patrocinare e a garantire l'accordo tra i due schieramenti mafiosi vi sarebbe stato anche un intervento politico. Secondo il racconto dei collaboratori di giustizia, l'avvocato Paolo Romeo, deputato del PSDI, avrebbe avuto un «ruolo determinante nelle trattative per il raggiungimento della pace». È uno dei pochi politici condannati con sentenza definitiva. Ma la storia non finisce qui.

Tangentopoli calabrese

Oltre alla pace, in quegli anni scoppia anche la Tangentopoli calabrese, un meccanismo di corruzione e intrecci tra 'ndrangheta e politica che coinvolge l'intera classe dirigente locale.

«La cultura di quegli anni» racconta Agatino «Titti» Licandro, ex sindaco di Reggio, autore di denunce clamorose e di un libro illuminante, «consentiva una percezione confusa dei meccanismi, nessuno immaginava che la corruzione fosse ormai diventata la piattaforma su cui si reggeva gran parte del mondo politico.»[12]

Come la droga, i soldi fanno diventare i politici sempre più ingordi.

In un'intervista con Franco Giustolisi de «L'Espresso», Licandro dichiara che almeno il 15 per cento degli eletti nel suo consiglio comunale era determinato dalla 'ndrangheta.

«Erano stati eletti uomini, figli, parenti, professionisti legati alle cosche mafiose o, comunque, non indifferenti al loro fascino e ai loro desideri, lo sapevano tutti.»

In seguito alla collaborazione con la giustizia del sindaco Licandro, finiscono in carcere undici consiglieri comunali. Licandro racconta anche che, dopo la pace mafiosa del 1991, le scelte dell'amministrazione comunale venivano comunicate ai clan che controllavano Reggio Calabria prima ancora di essere stabilite ufficialmente. La 'ndrangheta, in pratica, metteva il naso dappertutto.

Eppure erano in molti a non voler vedere quella realtà, anzi a negarla. Amedeo Matacena junior, figlio dell'omonimo armatore – attualmente latitante a Dubai dopo la condanna definitiva per concorso esterno in associazione mafiosa – in quegli anni, neo eletto consigliere comunale a Reggio Calabria, intervistato da Felice Cavallaro per il «Corriere della Sera», attribuisce alla 'ndrangheta «regole morali simili a quelle del miglior galateo». E spiega: «La mafia rispetta la persona che ha il coraggio di farsi avanti e che porta sviluppo».

Dopo l'omicidio di Bruno Fortugno, consigliere di circoscrizione eletto nelle fila del Partito repubblicano e nipote di Francesco Serraino, il boss noto come il «re dell'Aspromonte», anche l'onorevole Francesco Nucara mette le mani avanti: «A noi risultava fosse un bravo ragazzo».

Era una brava persona anche Andrea Caridi, dirigente repubblicano, a sua volta ucciso nel 1985.

Il venerdì nero di Taurianova

Passano sei anni, in cui i due piani, quello politico-amministrativo e quello mafioso appaiono sempre più inscindibili, e la 'ndrangheta torna a stupire. Succede a Taurianova, il quinto comune della provincia di Reggio Calabria per numero di abitanti. È il paese della famiglia Macrì. Il capostipite Giuseppe e i tre figli Francesco, detto «Ciccio Mazzetta», Olga e Ada, tutti democristiani, sostenuti da una disciplinata clientela di elettori, fanno una fulminea carriera politica. Scrive Mario Guarino:[13]

> La storia della famiglia Macrì meriterebbe di essere immortalata in qualche film d'autore. È un esempio di come un clan familiare possa farla letteralmente da padrone in un paese. Oltre a vantare il tragico primato dei morti ammazzati, Taurianova – nel cuore della Calabria – è sotto il tallone di numerose cosche consorziate in quattro gruppi rivali e sui quali domina la famiglia di Ciccio Mazzetta. Al padre di Francesco, Giuseppe, è dedicata la statua della piazza principale, nonché la piazza stessa. E al «medico e politologo» sono intestate la sezione dell'allora sede DC, la scuola infermieri dell'Usl e l'Istituto per geometri. Dal 1950 fino ai primi anni Novanta, la famiglia Macrì mette le mani sul paese. In Comune, sulla poltrona di sindaco, si sono alternati via via il capostipite Giuseppe, il figlio Francesco e l'altra figlia Olga. Già segretario di Antonio Segni, nel periodo in cui questi è presidente della Repubblica, Macrì riesce – con l'inevitabile appoggio delle cosche – a diventare presidente dell'Ente antimalarico, numero uno del Comitato provinciale caccia, capogruppo della DC, poi, presidente della USL 27 e – in un crescendo rossiniano – presidente della Provincia.

Rocambolesca è la vicenda di Francesco Macrì, il quale nonostante una condanna a sette anni di carcere e all'interdizione dai pubblici uffici viene eletto presidente del Consiglio provinciale, su insistenza del suo partito, la DC. In una intervista, aveva impudicamente dichiarato: «Ho 54 anni, sono nella DC da ragazzo, sono passato per mille incarichi. Ovunque ho sistemato figli di questa terra. Nella mia vita avrò fatto assumere negli uffici pubblici circa 3000 persone, forse più, ho perso il conto...».[14]

È il 2 maggio 1991, quando nella centralissima via Principessa di Piemonte, mentre è seduto sulla poltrona di un barbiere, viene assassinato Rocco Zagari, 59 anni, più volte consigliere comunale democristiano, ufficialmente infermiere della Usl 27. Cinque colpi di fucile verso le quattro del pomeriggio.

La prima risposta arriva alle 12,30 del giorno dopo, quando viene ucciso Pasquale Sorrenti, 29 anni, affiancato da un'auto mentre si trova alla guida della sua Tipo. Gli scaricano addosso diciannove colpi di lupara. Pregiudicato, è considerato un esponente del clan Asciutto-La Ficara-Alampi, da tempo in guerra con le famiglie Zagari-Avignone-Viola.

Quattro ore dopo è la volta dei fratelli Giuseppe e Giovanni Grimaldi, rispettivamente di 54 e 59 anni. Giuseppe sta chiacchierando con il fratello davanti alla sua macelleria, quando vede scendere da un'auto due uomini a volto scoperto, armati di fucile, afferra un coltello e scappa insieme al fratello nel tentativo di salvarsi. Il primo a essere abbattuto è Giovanni, qualche altro passo e viene freddato anche Giuseppe, il macellaio. Uno dei killer gli sfila il coltello che stringeva ancora in mano e con un colpo netto gli taglia la testa. Poi la lancia in aria e con il complice comincia a colpirla in un macabro tiro a segno, davanti a decine di testimoni increduli ed esterrefatti. I carabinieri recupereranno la testa crivellata di Giuseppe Grimaldi a trenta metri dal corpo.

Alle 20,30 di quel venerdì nero, davanti al negozio dove lavora, viene ucciso a colpi di pistola Rocco La Ficara, 36 anni.

I cinque morti in meno di ventiquattr'ore attirano su Taurianova l'attenzione dell'intero Paese. Due anni dopo il Consiglio comunale della città viene sciolto per infiltrazioni mafiose. In un'intervista rilasciata a Lidia Barone de «Il Manifesto», il ministro della Giustizia Claudio Martelli dichiara: «Qui non c'è un esempio della mafia che collude con la politica, ma il caso estremo della mafia che fa direttamente politica».

L'omicidio di Giuseppe Nirta

L'ultimo grande boss a morire è Giuseppe Nirta, detto «Peppe», unico sopravvissuto della vecchia Trimurti. Viene assassinato il 19 marzo 1995, davanti alla porta della sua abitazione a Bianco, dove si era trasferito dalla vicina San Luca. La sua è una famiglia potente, una di quelle che cominciano a dare filo da torcere agli inquirenti nel lontano 1869, al tempo della setta degli accoltellatori guidati da Francesco De Stefano. In quell'anno, Francesco e Giuseppe Nirta figurano nell'elenco di nove pericolosi latitanti, per la cattura dei quali il ministero dell'Interno istituisce un fondo straordinario di cento lire.[15]

Un nipote di Peppe Nirta era stato esponente della Democrazia cristiana locale e un altro, secondo un collaboratore di giustizia, avrebbe lavorato per i «servizi» e si sarebbe trovato a Roma, in via Fani, il giorno del rapimento di Aldo Moro. Lui si è sempre difeso, sostenendo di essere solo un imprenditore. Gestiva l'azienda di famiglia, la Calcestruzzi Ionica Srl, da dove, secondo un altro collaboratore di giustizia, Vincenzo Calcara, sarebbe partito l'esplosivo utilizzato da Cosa nostra per la strage di via D'Amelio a Palermo, in cui perdono la vita Paolo Borsellino e gli agenti della sua scorta. Ma sono solo sospetti.

Per ragioni di sicurezza, vengono vietati perfino i funerali privati del vecchio patriarca, costretto a fare da solo l'ultimo viaggio dall'obitorio di Locri al cimitero di Bianco. «Siamo stati sempre cristiani e cattolici praticanti» protestano Nunziata e Teresa Nirta, due dei cinque figli, dopo il divieto imposto dalla questura. «Abbiamo perdonato chi ha ucciso nostro padre; non abbiamo nessuna sete di vendetta. Volevamo soltanto che nostro padre avesse come tutti un funerale in chiesa.»[16]

Restano ancora impresse le parole che nel 1980, dalla gabbia nell'aula del tribunale di Locri, in un italiano soffocato da cadenze dialettali, Nirta aveva gridato in faccia al giornalista Joe Marrazzo: «Che cosa è questo boss, io vivo in casa d'affitto. I boss sono quelli che si sono presi mezza Italia. È la politica del Meridione quella che fa passare per mafiosi quelli che non lo sono. Nessuno ha voluto vedere i veri mafiosi e noi siamo diventati la valvola di scarico. Noi siamo la valvola di scarico. Qui c'è fame, non c'è mafia».[17]

Il suicidio del notaio Marrapodi

Un anno dopo la morte di Nirta, nel 1996, prima dell'inizio di uno dei più importanti processi nella lotta contro la 'ndrangheta, scaturito dall'operazione «Olimpia», il notaio Pietro Marrapodi si uccide. Dopo essere stato arrestato, aveva deciso di collaborare con la giustizia. Ai magistrati aveva parlato di una costituenda società che si sarebbe dovuta spartire illecitamente i proventi dell'edilizia giudiziaria destinati a Reggio Calabria nel periodo compreso tra il 1990 e il 2000.

«Ha pagato amaramente con l'isolamento le accuse rivolte ai mafiosi e alla parte bene di questa città» scrive l'allora coordinatore della Direzione distrettuale antimafia, Salvatore Boemi, dopo il suicidio di Marrapodi. È una vicenda inquietante con un duro attacco ad alcuni magistrati che, secondo il notaio, erano collusi con la 'ndrangheta e coinvolti in mille affari sporchi. Un'altra conferma rispetto alle accuse rivolte a una parte della magistratura ai tempi dell'omicidio Ferlaino.

Scrive Pantaleone Sergi su «la Repubblica», schizzando il ritratto del notaio suicida:[18]

> Personaggio inquietante, massone esperto e apprezzato, imprenditore audace, fiancheggiatore emblematico e rappresentativo di non pochi baroni della 'ndrangheta, come lo definiscono i magistrati del pool antimafia che lo hanno mandato in prigione e lo accusano di associazione mafiosa, il notaio Marrapodi per oltre venti anni aveva frequentato i salotti della Reggio bene, aveva fatto affari con potenti e faccendieri, senza rinunciare ai vantaggi di essere l'uomo di fiducia di importanti «casati» mafiosi come quello dei De Stefano di Reggio, dei Nirta di San Luca e altre famiglie di rango. A un certo punto, era il 1992, Marrapodi, considerato

un trattino di congiunzione dello storico legame che a Reggio hanno avuto massoneria deviata e potere mafioso, decise di rompere con amici notai, magistrati e imprenditori, diventando un implacabile nemico e accusatore, rovesciando loro addosso valanghe di accuse con dossier inviati al Csm, al ministero degli Interni, alla stampa. Le trascrizioni delle sue conversazioni divennero un bestseller appetitoso di veleni, venduto in fotocopia a 250 mila lire. Iniziò raccontando ad Agostino Cordova, all'epoca noto come il «mastino di Palmi», i segreti delle logge coperte di Reggio e dei suoi frequentatori, magistrati, funzionari dello Stato e capimafia. Ma l'offensiva vera e propria Marrapodi la iniziò nel 1993 in un convegno davanti agli esterrefatti Giovanni Conso, allora ministro della Giustizia, e Luciano Violante, presidente dell'antimafia. Le «verità» del notaio tolsero il sonno a diversi potenti e fecero aprire molti fascicoli giudiziari.

Le accuse del notaio Marrapodi nei confronti dei magistrati reggini non sono mai state provate. Da allora, la 'ndrangheta è diventata sempre più potente, più ramificata, più legata al sistema delle lobby, un convitato di pietra della nostra democrazia, presenza incombente ma invisibile, muta, e perciò inquietante e imprevedibile. Un potere legittimato dalla corruzione, in un Paese che non ha mai dato priorità alla lotta alla criminalità mafiosa e nel quale Stato e mafie «non sono mai stati in rivalità strutturale o in contrapposizione strategica, ma solo contingente».[19]

La 'ndrangheta è servita a molti. È nata come patologia del potere. È servita alle classi dirigenti che con la violenza hanno mantenuto il potere, generazione dopo generazione. Ed è servita a imprenditori del Nord e del Sud che avevano bisogno di manodopera a basso costo e di materiali scadenti per minimizzare i costi e massimizzare i ricavi. La 'ndrangheta più che cultura è economia. Un metodo delinquenziale che presuppone relazioni e che governa mercati leciti e illeciti. Da decenni 'ndrangheta e corruzione sono imprescindibili l'una dall'altra. Due facce della stessa ipocrisia.

Parte terza

L'assetto attuale:
l'osmosi fra 'ndrangheta e colletti bianchi
(tra il vecchio e il nuovo secolo)

VII

La colonizzazione

Fallito il Quinto centro siderurgico e con esso la Liquichimica di Saline Ioniche (mai aperta), la Sir di Lamezia Terme e gli impianti tessili di Castrovillari, il sogno di industrializzazione della Calabria svanisce al prezzo di una consistente e costante dissipazione di denaro pubblico. Dopo aver messo le mani sui finanziamenti stanziati dalla Cassa per il Mezzogiorno e dopo aver tirato su una montagna di soldi con il traffico internazionale di cocaina, la 'ndrangheta comincia a espandersi anche in altre regioni d'Italia e in Europa, in un RisiKo di investimenti difficile da quantificare, nonostante le stime per decine di miliardi di euro suggerite da *think tank*, istituti di ricerca e università varie.

Si tratta di un'organizzazione criminale che cresce e si espande dappertutto: Germania, Austria, Svizzera, Olanda, Francia, Spagna, Irlanda, Gran Bretagna, senza contare poi pressoché tutte le regioni italiane.

La tecnica è quella di riprodurre – anche in luoghi lontanissimi da quelli d'origine – il medesimo antico, elementare ed efficace modello organizzativo: non un insieme di cosche che agiscono ognuna per conto proprio, ma una struttura unitaria dotata di un organismo di raccordo che rappresenta la sintesi degli equilibri territoriali dei tre circondari della provincia di Reggio Calabria, ovvero la Locride, la piana di Gioia Tauro e l'area dello Stretto.

Fuori dai confini nazionali, il Paese in cui la 'ndrangheta si è radicata di più è la Germania, in particolare nei Länder del Baden-Württemberg, della Turingia e della Renania settentrionale-Westfalia, con investimenti nel settore ricettivo (alberghi e ristoranti), ma anche in quello edilizio e immobiliare.

Dopo la caduta del Muro di Berlino, la 'ndrangheta ha acquistato bar, pizzerie, edifici nell'ex Germania Est. Un broker al quale era stato ordinato di «comprare tutto» è stato arrestato agli inizi degli anni Novanta mentre trattava con una banca tedesca l'acquisizione di rubli, marchi e dinari algerini per duemilaseicento miliardi di vecchie lire. Da allora l'Europa è diventata un'immensa prateria, un mondo in cui i capitali mafiosi riescono, come l'acqua, a penetrare in ogni fessura.

Nel 2013, in Austria, su richiesta della magistratura italiana vengono confiscati beni per 21 milioni di euro a presunti esponenti della cosca Pesce di Rosarno. Tra i beni finiti nel mirino degli inquirenti anche una villa a Baden Bei Wien, importante località termale della Bassa Austria, già nota all'epoca degli antichi Romani, e attualmente sede del più grande casinò d'Europa.

«Se non facciamo qualcosa, [la 'ndrangheta] si compra tutto» dichiara nel giugno 2016 il presidente delle polizie comunali del Canton Ticino, Dimitri Bossalini. Anche in Svizzera i settori più esposti sono l'immobiliare, la ristorazione, il movimento terra e l'edilizia in generale. Gli investimenti vengono effettuati grazie a società di comodo, cioè senza sede e provviste solo di un indirizzo postale, costituite con l'unico scopo di riciclare denaro.[1] Da tempo poi i clan calabresi sfruttano anche l'inadeguatezza di alcune leggi svizzere, come quella che punisce con cinque anni di reclusione l'associazione segreta, l'equivalente dell'associazione a delinquere di stampo mafioso in Italia.

La 'ndrangheta ricicla denaro sporco anche in Olanda, Francia, Spagna, Irlanda e Gran Bretagna. La City di Londra è ormai universalmente considerata uno degli snodi più importanti per il riciclaggio di denaro.

I soldi non mancano.

Il business legato alla cocaina rappresenta quasi il 60 per cento del fatturato annuale della 'ndrangheta, con nuove convergenze in Africa e soprattutto in Marocco, dove i broker della 'ndrangheta rilevano grossi quantitativi di hashish sia per destinarlo al mercato europeo, sia per utilizzarlo come merce di scambio per acquistare partite di cocaina nelle Antille olandesi.[2]

A venire meno sono sempre gli anticorpi economici, la capacità di resistere al fascino dei capitali sospetti. L'unica legge che conta è quella di mercato, il saldo tra costi e benefici.

Scrive la Dia nella relazione sul primo semestre del 2015: «[...] le cosche continuano a manifestare una evidente capacità di individuare i settori economici più redditizi e le aree maggiormente produttive, indipendentemente dalla loro collocazione geografica». Le aree preferite sono quelle dove si produce maggiore ricchezza e dove i clan della 'ndrangheta riescono a radicarsi, sfruttando «le diverse opportunità offerte dal territorio, orientandosi anche verso quella parte del sistema politico-amministrativo-imprenditoriale esposta alla tentazione di lasciarsi avvicinare, a discapito dell'interesse pubblico».

In Italia, i profitti della 'ndrangheta, a differenza di altre organizzazioni mafiose, provengono prevalentemente dalle regioni centrosettentrionali, come spiega il procuratore nazionale antimafia, Franco Roberti, in un'intervista pubblicata dal quotidiano «Il Tirreno».

A fronte di un 23 per cento maturato in Calabria, la 'ndrangheta ricava il 21 per cento dei suoi profitti in Piemonte, il 16 in Lombardia, l'8 in Emilia Romagna, il 7,7 nel Lazio e il 5,7 per cento in Liguria.

Oggi, pochi hanno la sfacciataggine di negare la presenza della 'ndrangheta nelle regioni del Centronord, ma tanti ne attribuiscono ancora la diffusione al soggiorno obbligato.

Scrive Isaia Sales:[3]

Chi ha sempre ritenuto che le mafie fossero solo un prodotto della mentalità dei meridionali, che la società del Nord sarebbe stata tutelata dai suoi anticorpi civici e dall'integrità degli amministratori locali, ha preso non solo un abbaglio clamoroso, ma ha distratto l'intera società dal vero motivo del successo nell'opera di penetrazione e consolidamento: le relazioni che i mafiosi arrivati dal Sud riuscivano a costruire (all'inizio senza minacce e clamorose azioni violente) con alcuni rappresentanti di attività economiche e imprenditoriali e con una parte non trascurabile del sistema politico e istituzionale settentrionale.

Lo stesso soggiorno obbligato rispondeva a una lettura culturalista o criminal-razzista, basandosi «sull'idea che la criminalità organizzata fosse il prodotto di un ambiente primitivo, di società arretrate, e che i mafiosi, lontani da casa e immersi nella cultura del Nord, rispettosa della legge e improntata a un forte senso civico, avrebbero abbandonato le loro vecchie abitudini».[4]

Osserva il giudice del tribunale di Milano Giuseppe Gennari:

Alcuni hanno parlato degli effetti di un contagio protratto nel tempo. Come se gli uomini del Sud, giunti al Nord un po' per i normali flussi migratori e un po' al seguito di boss spediti in Lombardia con soggiorno obbligato, avessero aggredito un terreno vergine. Si dice anche che la Lombardia, come tutto il Nord, è «resistente» perché ha anticorpi naturali più robusti di quelli delle regioni di provenienza delle mafie. E questo dovrebbe rendere più difficile che la malapianta attecchisca. Personalmente trovo discutibili queste teorie, che sanno un po' di libro di medicina. Il contagio si ha quando un virus maligno intacca un corpo sano. Al Nord il corpo sano non c'era e non c'è. E il virus ha intaccato un ambiente che ha spesso fatto coincidere i propri interessi con i servizi offerti dalla 'ndrangheta. Corruzione e 'ndrangheta. Reati economici e 'ndrangheta. Reati ambientali e 'ndrangheta. Evasione fiscale e 'ndrangheta. Sono tutte accoppiate molto comuni, che associano criminalità organizzata a reati tipici delle zone a elevato sviluppo imprenditoriale.[5]

Più che la causa della diffusione della 'ndrangheta al Nord, per molto tempo il soggiorno obbligato è stato una suggestione, forse utile politicamente, ma niente di più. Anche al Nord, come dimostrano i consigli comunali sciolti in Piemonte, Liguria, Lombardia ed Emilia Romagna, la 'ndrangheta è riuscita a creare solidi «network di alleanze e di rapporti con i più diversi soggetti, da quelli istituzionali alle pubbliche amministrazioni, da segmenti professionali a esponenti dell'imprenditoria privata».[6]

La stessa omertà non ha tratti antropologici tipicamente calabresi, ma nasce dalla paura: e la paura è un sentimento universale. Nel suo primo rapporto trimestrale sulle aree settentrionali, lo stesso Osservatorio sulla criminalità organizzata dell'Università degli Studi di Milano – diretto da Nando dalla Chiesa – attribuisce la diffusione delle organizzazioni mafiose alla «scarsa resistenza ambientale», ma anche a «un sistema politico e istituzionale sempre più permeabile alle infiltrazioni delle organizzazioni di stampo mafioso e a un'imprenditoria spesso omertosa e, talvolta, collusa».[7]

Nel 2011, un imprenditore lombardo viene condannato per non aver denunciato i suoi estorsori, ma anche per essersi adoperato attivamente per impedire ad altre vittime di farlo.

Si ostinava a negare l'evidenza, nonostante le prove schiaccianti raccolte dagli inquirenti grazie a intercettazioni ambientali e telefoniche.

Un altro imprenditore racconta di essere stato costretto a corrispondere canoni di locazione per un immobile occupato da un boss: «Avevo paura ed ero soggiogato psicologicamente» dichiara in tribunale.[8]

È una violenza che, talvolta, c'è e si vede, ma la tendenza della 'ndrangheta è di mimetizzarsi, di passare inosservata, perché preferisce avvalersi «sempre più di quella forma di intimidazione – per certi aspetti ancora più temibile – che deriva dal non detto, dall'accennato, dal sussurrato, dall'evocazione di una potenza criminale cui si ritenga vano resistere».[9]

E proprio questo nuovo atteggiamento divide la giurisprudenza.

Ci sono magistrati che negano l'esistenza della mafia in mancanza dell'uso in concreto della forza di intimidazione del vincolo associativo, perché il metodo mafioso dev'essere esercitato; e altri invece che riescono a comprendere l'evoluzione dei tempi con la corruzione che apre varchi, che diventa uno strumento di espansione, un modo per radicarsi senza dover necessariamente fare ricorso alla violenza.

Proprio a questi pregiudizi culturali si devono decenni di sottovalutazione politica ed economica delle mafie, agevolati da strategie di «marketing territoriale» che, per quarant'anni, hanno spazzato via ogni riflessione consapevole sulla pervasività del fenomeno mafioso e sulla permeabilità delle regioni centrosettentrionali.

Nel 2010, il questore di Imperia Francescopaolo Di Menna qualifica il pericolo infiltrazioni in Liguria come «non prioritario» e comunque da ritenersi pericoloso al pari di altri fenomeni, quali l'immigrazione irregolare.[10] Nello stesso anno il prefetto di Milano, Gian Valerio Lombardi, in una relazione inviata alla Commissione parlamentare antimafia, scrive: [11]

> Secondo la nostra legislazione la mafia esiste quando esiste «un'associazione» i cui partecipanti «si avvalgono della forza di intimidazione del vincolo associativo e della condizione di assoggettamento o di omertà che ne deriva per commettere delitti» o per acquisire il controllo di attività

> economiche finanziate da soggetti pubblici e privati. A Milano, al momento, non può dirsi che esistano organizzazioni del genere. Peraltro, negli anni passati esisteva il cosiddetto soggiorno obbligato, una misura che consentiva ai giudici di obbligare soggetti mafiosi a soggiornare in comuni distanti da quelli di origine, nell'intento di favorirne il recupero. Ma è invece successo che la mafia si è in alcuni casi trasferita in tali località, ma senza trasferire la condotta mafiosa. Che, per poter essere posta in essere, richiede alcune condizioni che – per fortuna – non sono presenti nelle nostre zone. Si può, perciò, affermare che – in generale – nel nostro territorio sono presenti soggetti collegati alla mafia che preferiscono qui fare affari piuttosto che «fare i mafiosi». Pertanto, se alcuni cognomi evocano collegamenti con famiglie mafiose, ciò non vuol dire – necessariamente – che a Milano e in Lombardia esista la mafia.

Un ragionamento discutibile, soprattutto alla luce delle tante sentenze passate in giudicato che avevano già accertato e documentato la presenza delle mafie, e in modo particolare della 'ndrangheta, in Lombardia.

Un'altra innegabile conferma della pervasiva presenza della mafia calabrese è legata ai tanti beni confiscati ai boss di questa organizzazione e ai loro affiliati che da tempo vivono stabilmente nella regione più ricca d'Italia. I primi boss vi giungono addirittura a metà degli anni Cinquanta e non in conseguenza a misure di soggiorno obbligato, ma come espressione di famiglie, di clan, di territori. Oggi si contano almeno sedici locali strutturati sul territorio lombardo. «Pur mantenendo un'autonomia operativa, ogni locale è forte se ha le sue radici in Calabria» come spiega ai magistrati l'ex boss di Giussano, Antonino Belnome. «Chi non ha questo cordone ombelicale [...] è come una zattera nell'oceano.» E aggiunge: «I locali forti sono questi che [...] sono in simbiosi con la Calabria, allora tu tocchi Giussano e tu hai toccato Guardavalle, tu tocchi Cormano e hai toccato [...]

Gioiosa o Grotteria [...] Chi non ha questo alle sue spalle [...] non conta niente, nei tavoli fa la presenza ma non può dire la sua o se dice la sua non c'è un peso».[12]

In Lombardia, molti 'ndranghetisti sono coinvolti nel settore dell'edilizia e in particolare nel movimento terra. Tanti altri investono i soldi dei grandi traffici di droga e altri ancora hanno messo le mani sulla sanità e sulla pubblica amministrazione.

Annota il procuratore nazionale antimafia, Franco Roberti, nel libro scritto con Giuliano Foschini:[13]

> Negli ultimi due anni, in coincidenza con i lavori per Expo 2015, il prefetto di Milano ha adottato circa 60 provvedimenti interdittivi antimafia nei confronti di imprese risultate controllate, infiltrate o comunque condizionate dalla criminalità organizzata, in particolare da quella calabrese. Bene, la maggior parte di queste imprese si occupava della realizzazione o dell'ampliamento di infrastrutture stradali. Significa che chiunque, tra noi, in questi anni, abbia viaggiato su una strada della Lombardia, magari una di quelle tirate a lucido in vista dell'Esposizione internazionale, ha viaggiato con la 'ndrangheta. Quest'ultima in tutto il Nord Italia non solo ha surclassato la capacità di penetrazione di tutte le altre mafie messe insieme ma, di fatto, è divenuta una dei principali operatori del settore edilizio. Come hanno dimostrato sentenze passate in giudicato, gli affiliati si occupano di movimento terra, gestione di impianti sportivi comunali, trasporti, elezioni amministrative, forniture a imprese. Questo, in altri termini, che cosa significa? Che in nessun modo è possibile parlare, come talvolta si cerca di fare, di una sporadica infiltrazione della 'ndrangheta in un tessuto socioeconomico altrimenti sano, in grado di resistere grazie alla presenza di antichi anticorpi. Lo scenario che abbiamo di fronte è diverso e assai meno rincuorante: di fatto, l'imprenditoria non è più «oppressa» dalla 'ndrangheta. Non la subisce. Ma, in alcuni casi, la cerca, spesso prendendo l'iniziativa. L'obiettivo è fare affari. Guadagnare denaro. Siamo

all'evoluzione dell'agenzia di servizio: nel Mezzogiorno la criminalità organizzata è servita quasi da ammortizzatore sociale per servizi socio-essenziali, perché lo Stato latita. Al Nord si chiede invece l'intervento della criminalità organizzata per ottenere in tempi rapidi sostegno all'impresa, con azioni imprenditoriali e finanziarie.

Nel decreto di scioglimento del comune di Brescello, in provincia di Reggio Emilia, si fa riferimento ad abusi edilizi, a concessioni e a varianti al piano regolatore. I Grande Aracri, boss originari di Cutro, vengono descritti come gente capace di «acquisire appalti pubblici e privati e di ostacolare il libero esercizio del voto». Secondo il rapporto del ministro dell'Interno, l'«acquiescenza» degli amministratori comunali nei confronti del clan Grande Aracri, nel tempo si è trasformata in «una condizione di vero e proprio assoggettamento al volere di alcuni affiliati alla cosca, nei cui riguardi l'ente, anche quando avrebbe dovuto, è rimasto, negli anni, sostanzialmente inerte». Entrati in punta di piedi, come scrive Giuseppe Baldessarro su «la Repubblica», «in poco tempo, [gli 'ndranghetisti] si sono presi tutto».[14]

Molti anni prima, in riferimento ai clan originari di Cutro, il collaboratore di giustizia Angelo Salvatore Cortese aveva riferito di ditte che erano diventate una sorta di bancomat della 'ndrangheta. Nel 2006 una bomba era stata fatta esplodere davanti all'Agenzia delle Entrate di Sassuolo, come rappresaglia contro alcuni accertamenti che avevano portato alla scoperta di una frode fiscale commessa da una ditta di proprietà di esponenti del clan Arena di Isola Capo Rizzuto.[15]

Ma in Emilia, pochi se ne sono accorti, al pari del Piemonte, del Veneto, della Toscana, del Lazio, dell'Abruzzo e delle Marche: un negazionismo strisciante, come se la 'ndrangheta fosse un marchio a distribuzione limitata e non piuttosto un modello esportabile strettamente integrato e facilmente intellegibile se valutato nel quadro delle relazioni, delle cointeressenze interclassiste sviluppate con il potere politico ed economico.

Come rilevano i magistrati della Direzione distrettuale antimafia, da tempo, in Piemonte è stato «disvelato il progressivo inserimento della criminalità organizzata calabrese sia nel tessuto economico sia nell'area di azione della politica e delle pubbliche amministrazioni. È anzi possibile ipotizzare che proprio la compiacenza di alcune amministrazioni locali abbia favorito la crescente presenza delle organizzazioni mafiose nel settore dell'edilizia e dei lavori pubblici».[16]

In Piemonte, la 'ndrangheta, è riuscita a infiltrarsi perfino nei lavori per la realizzazione del villaggio olimpico per le Olimpiadi invernali del 2006 e in quelli per la costruzione della Tav nella tratta Torino-Chivasso.

Anche in Liguria il radicamento della 'ndrangheta «copre l'intero territorio [...], dal capoluogo a Ventimiglia, da Lavagna a Imperia, da Savona a La Spezia, con la presenza di cosche riconducibili alle organizzazioni criminali di tutti e tre i mandamenti della provincia di Reggio Calabria, insinuatesi lentamente nel tessuto economico, senza l'utilizzo di metodi violenti, attraverso la gestione, diretta o indiretta, di attività nell'ambito della ristorazione, dell'edilizia e della gestione del ciclo dei rifiuti e del reimpiego di danaro derivante, prevalentemente, dal circuito del traffico di sostanze stupefacenti, attività delittuosa che merita autonome riflessioni, attesi gli ingenti guadagni che ne derivano e il coinvolgimento di scali portuali alternativi a quello storico di Gioia Tauro, tra cui, *in primis*, proprio quello del capoluogo ligure».[17]

In una conversazione intercettata nell'agrumeto di Domenico Oppedisano a Rosarno, Domenico Gangemi, ritenuto il boss della 'ndrangheta ligure, eppure prosciolto dall'accusa di associazione mafiosa in appello a Genova, così racconta la propria esperienza lontano dalla Calabria: «Noi (della Liguria) con la Calabria abbiamo tutta la massima collaborazione, tutto il massimo rispetto, siamo tutti una cosa, pare che la Liguria è 'ndranghetista ... Quello che c'era qui, lo abbiamo portato lì ... Quello che amministriamo lì, lo amministriamo per la nostra terra ... non è che lì amministrano loro, lì amministriamo sempre noi calabresi».[18]

La logica è sempre quella delle mani che si stringono in un rapporto di reciproca convenienza. Con una sentenza del 2014 del tribunale di Imperia vengono condannate 27 persone tra capi e affiliati di un sodalizio operante nei comuni di Ventimiglia, Bordighera e Diano Marina. Il gruppo è «in grado di condizionare l'operato di amministratori locali e di incidere sulle attività imprenditoriali, segnatamente svolte da quelle piccole e medie imprese che costituiscono il tessuto economico prevalente dell'intera aera del Ponente ligure».[19]

Anche il Veneto, regione un tempo più «resistente», finisce nel mirino della 'ndrangheta. Nel 2013, il vicesindaco di Verona Vito Giacino, fidatissimo collaboratore del sindaco Tosi, è costretto a dimettersi per la questione di un attico acquistato in uno dei quartieri più esclusivi della città e ristrutturato per 1,7 milioni di euro da un'azienda che, guarda caso, aveva ottenuto diversi appalti pubblici. Uno dei due azionisti dell'azienda è l'ex moglie di Antonino Papalia, pluripregiudicato e «legato alla 'ndrangheta della cosca Vrenna di Crotone».[20] «Papalia era stato arrestato alla fine degli anni Ottanta per aver creato nel Veronese un arsenale per la produzione di esplosivi destinati a rifornire la 'ndrangheta» scrive Paolo Tessadri su «Il Fatto Quotidiano», ricostruendo la vicenda del vicesindaco dimissionario.[21]

In Toscana, dove da tempo sono presenti famiglie che appartengono sia ai mandamenti della provincia di Catanzaro che alle organizzazioni del catanzarese, del vibonese e del crotonese, si registrano con sempre più frequenza reati come l'usura, le estorsioni, le infiltrazioni nel settore degli appalti pubblici e privati, oltre a traffici di droga e di merce contraffatta. Quello dei lavori pubblici è il settore in cui le regole di mercato vengono maggiormente alterate.

A Roma la 'ndrangheta bazzica da tempo, ma frequenta con assiduità anche le cittadine del litorale, come Nettuno, dove nel 2005 viene sciolto il Consiglio comunale per infiltrazioni mafiose.

L'operazione «Appia-Mithos» scopre i legami fra il clan Gallace-Novella di Guardavalle e gli apparati politici e amministrativi del Comune: vengono arrestati un centinaio di cittadini che risultano nullatenenti o che presentano un modello Unico pari a zero, ma che sono nel contempo intestatari di terreni, auto di lusso, negozi e beni immobili per svariati milioni di euro.

Anche nel Lazio, malgrado i tanti segnali inquietanti, c'è una sorta di «ritrosia culturale» ad ammettere la presenza delle mafie. Eppure i sequestri e le confische di molti beni sono riconducibili a organizzazioni criminali: il Café de Paris, uno dei simboli della dolce vita, viene gestito da un prestanome degli Alvaro di Sinopoli.

Ancora più di recente, la 'ndrangheta appare nelle pieghe dell'inchiesta su Mafia Capitale, coordinata dalla Direzione distrettuale antimafia di Roma: secondo gli inquirenti, Massimo Carminati, ex boss della banda della Magliana con trascorsi negli ambienti della destra eversiva, intratteneva rapporti con esponenti del clan Mancuso di Limbadi.

Al Sud come al Nord, il rapporto tra politica e 'ndrangheta costituisce uno degli aspetti più inquietanti e controversi del fenomeno mafioso. I boss dimostrano ancora una volta di non avere discriminazioni ideologiche.

L'unica cosa che conta è il potere.

«Ha vinto la sinistra e ci siamo spostati tutti a sinistra. Ha vinto la destra e siamo andati tutti a destra» dice con convinzione un uomo vicino al clan Rodà-Casile di Condofuri intercettato in Calabria.

E Vincenzo Mandalari, capo del locale di Bollate, in Lombardia, conferma: «Non è importante destra o sinistra a livello locale».[22]

VIII

Annus horribilis

Dopo oltre un secolo e mezzo di colpevole sottovalutazione, tra il 2005 e il 2007 la 'ndrangheta diventa prima un'emergenza nazionale e poi un fenomeno conosciuto in tutto in mondo. Una scalata silenziosa interrotta da un omicidio eccellente in Calabria e da una strage efferata in Germania.

Nel 2005, a Locri viene ucciso il vicepresidente del Consiglio regionale della Calabria, Francesco Fortugno. Medico di professione, alle amministrative di quell'anno era stato eletto nelle fila della Margherita, superando per una manciata di voti un altro medico sostenuto però dai clan della 'ndrangheta. Grazie anche alla mobilitazione di migliaia di giovani che da ogni parte d'Italia convergono sulla Locride al grido di «Ammazzateci tutti», la notizia di quell'assassinio fa il giro del mondo.

Cinque mesi dopo, Bruno Piccolo, un giovane di Locri, arrestato assieme ad altre persone con l'accusa di associazione finalizzata al traffico d'armi, decide di collaborare con la giustizia e ai magistrati fa i nomi degli esecutori materiali dell'omicidio Fortugno, chiamando in causa, fra gli altri, Salvatore Ritorto, Domenico Novella e Domenico Audino. La 'ndrangheta fa di tutto per screditarlo, riuscendo infine a costringerlo al suicidio, nell'ottobre 2007, in un appartamento di Francavilla a Mare, vicino a Chieti, dove il ragazzo era stato nascosto dal sistema di protezione testimoni su richiesta della Direzione distrettuale antimafia di Reggio Calabria. L'inchiesta non si ferma e grazie a un altro giovane chiamato in causa da Bruno Piccolo si riesce comunque a risalire ai mandanti. A collaborare, questa volta, è Domenico Novella, nipote di Vincenzo Cordì, capo dell'omonimo clan. Vengono così fermati Giuseppe Marcianò, che si trova agli arresti domiciliari per una storia di armi e droga, e suo padre Alessandro, caposala presso uno dei reparti dell'ospedale di Locri. I Marcianò sono gente conosciuta a Locri. Alle ultime elezioni Alessandro Marcianò aveva deciso di appoggiare Domenico Crea, in segno di gratitudine per l'assunzione del figlio come collaboratore, nella precedente legislatura.

Al termine del lungo iter giudiziario, tuttavia, la Cassazione conferma gli ergastoli per Alessandro e Giuseppe Marcianò, quali mandanti, e per Salvatore Ritorto e Domenico Audino in qualità di esecutori materiali, senza accertare altre responsabilità penali, come i familiari di Francesco Fortugno avevano sperato.

La 'ndrangheta che spara a Locri è arrogante e ambiziosa, capace di imporre le proprie regole e pretese a una classe politica inetta disposta ad asservirla.

Nel 2006, intervistata da Attilio Bolzoni per «la Repubblica», l'allora assessore alla Tutela della Salute della regione, Doris Lo Moro, non nasconde la propria amarezza. «Quanta 'ndrangheta c'è negli ospedali della Calabria?» le chiede il giornalista.[1] «Tanta. E ce n'è tanta anche quando non si vede» risponde Lo Moro, ex magistrato ed ex sindaco di Lamezia Terme. «Io so che la 'ndrangheta c'è anche quando non si presenta ufficialmente. Ecco perché non faccio mai finta di non vederla. So sempre che c'è. E a volte mi è capitato di incontrarla personalmente.» «A Locri?» «A Locri e altrove. Quando sono andata in visita all'Asl di Locri, mi sono seduta intorno a un tavolo dove c'erano dirigenti in qualche modo legati a famiglie mafiose.» Macigni che troveranno poi conferma nello scioglimento dell'Azienda sanitaria locale (Asl) di Locri. Stessa sorte capiterà all'Azienda sanitaria provinciale di Reggio Calabria nel 2008 e Vibo Valentia nel 2010.

Nel 2007, sempre per questioni legate alla sanità, finisce in carcere un altro politico, Pino Tursi Prato, già segretario provinciale del PSI, consigliere regionale, potentissimo presidente dell'Asl, amico personale di Gianni De Michelis e uomo di fiducia di Giacomo Mancini, lo storico dirigente socialista. Viene ritenuto responsabile di aver condizionato, nei primi anni Novanta, le gare per la gestione delle mense degli ospedali Annunziata e Mariano Santo di Cosenza e Santa Barbara di Rogliano, oltre ad aver concorso con le sue condotte a rafforzare il potere del clan guidato da Franco Pino. Lo stesso Pino, dopo la decisione di collaborare con la giustizia, conferma: «Tursi Prato si candidò alle Regionali del '90 [...] e mi chiese una mano per la candidatura; in compenso mi avrebbe fatto partecipare all'affare delle mense ospedaliere».[2] È uno dei pochissimi politici finora condannati in Calabria con sentenza passata in giudicato per concorso esterno in associazione mafiosa.

L'anno dopo, nel 2008, per una vicenda legata a disservizi e maltrattamenti in una casa di cura per anziani, viene arrestato Domenico Crea, nel frattempo subentrato a Fortugno in qualità di consigliere regionale. Secondo l'accusa, quella gestita da Crea era una clinica degli orrori, una morgue dal nome gentile, Villa Anya, a Melito di Porto Salvo.

Da quell'inchiesta emerge anche la spregiudicatezza politica del consigliere regionale. «La sanità è prima, l'agricoltura e forestazione seconda, le attività produttive terza; in ordine... come budget: settemila miliardi con la Sanità» spiega Crea al suo uomo di fiducia, Antonio Iacopino. Sono in auto e una microspia registra: «Dài, Antonio... come budget 7 mila miliardi di vecchie lire, la Sanità ha 3 miliardi e 360 milioni di euro ogni anno... cioè uno fa una cosa uno fa un'altra, va nelle Asl e gestisce le Asl, tu hai bisogno almeno di quattro o cinque che siano con te, cinque o sei braccia in questo settore... sempre sugli indirizzi che do io». E ancora: «Mi segui Antò? Oppure parlo arabo io?».

Commenta il giudice per le indagini preliminari che dispone l'arresto di Crea: «Tale sconcertante reperto di improntitudine e di spregiudicatezza costituisce un vero e proprio manifesto di uso distorto e perverso della politica per finalità di arricchimento personale a scapito della collettività». L'indagato si sente il padrone della Sanità in Calabria. «Duemila miliardi... me li gestisco io per i c... miei» sostiene. Dialoghi che secondo la Direzione distrettuale antimafia evidenziano «la bramosia insaziabile di arraffare a piene mani denaro pubblico in quantità smisurata», a fronte della quale l'indennità mensile di consigliere regionale, pari a 10 mila euro, vale poco o nulla.[3]

Ma la vicenda che porta la 'ndrangheta alla ribalta nazionale e internazionale è la strage di Duisburg, a Ferragosto del 2007. In Germania, quel giorno, vengono assassinate sei persone nell'ambito di una faida che da anni insanguina San Luca. Dietro motivi apparentemente riconducibili a rivalità territoriali in Calabria ci sono gli interessi legati ai grandi traffici di droga e agli investimenti in Germania. La notizia finisce sulle prime pagine dei quotidiani tedeschi e italiani, ma anche americani, australiani e canadesi. Il «Los Angeles Times» definisce la 'ndrangheta la regina del narcotraffico e il «The Guardian» una mafia ancora più potente di Cosa nostra.

È troppo per fare ancora finta di non vederla, lasciando l'impari lotta nelle mani di pochi magistrati che si affannano a chiedere riforme normative, ma anche adeguamenti degli organici.

Nel 2010 finisce in carcere anche un senatore della Repubblica, Nicola Di Girolamo, eletto in Germania con i voti degli italiani all'estero, ma soprattutto con il sostegno della famiglia Arena di Isola Capo Rizzuto. Coinvolto in un'inchiesta su un maxi riciclaggio da due miliardi di euro, si dimette e nel 2010 patteggia con la procura di Roma una pena di cinque anni e la restituzione di 4 milioni e 700 mila euro, provento dell'attività di riciclaggio, di cui aveva beneficiato. Viene anche condannato per scambio elettorale aggravato dal metodo mafioso. Nel 2016, il suo nome viene trovato anche nei cosiddetti Panama Papers, per aver presumibilmente creato società offshore nelle Isole Vergini.[4]

Di Girolamo costituisce società con i boss della 'ndrangheta in Italia e all'estero e viaggia in lungo e in largo per «investire» i soldi della mega truffa delle telecomunicazioni. È in rapporti con l'imprenditore romano Gennaro Mokbel (in passato legato ad Antonio D'Inzillo, ex esponente dei Nar e della banda della Magliana, latitante da tempo in Africa) che lo manovra come un burattino. «Se t'è venuta la candidite, se t'è venuta la senatorite» gli dice durante una conversazione intercettata dai carabinieri, «è un problema tuo, però stai attento... ultimamente io so' stato zitto, ma oggi mi hai riempito le palle, Nicò. Capito?» Il senatore cerca di scusarsi, ma Mokbel è irremovibile: «Non me ne frega un c..., a me di quello che dici tu» replica con impertinenza, «per me Nicò, puoi diventa' pure Presidente della Repubblica, per me sei sempre il portiere mio, cioè nel mio cranio sei sempre il portiere, non nel senso che tu sei uno schiavo mio, per me conti come il portiere, capito Nicò? Ricordati che io per le sfumature mi faccio ammazza' e faccio del male».[5]

È solo la punta dell'iceberg, questa?

IX

Il «capitale sociale»: la zona grigia dei professionisti al servizio della 'ndrangheta

Quando, agli inizi del secolo scorso, Giuseppe Musolino è ancora latitante, un delegato di pubblica sicurezza cerca di fargli terreno bruciato intorno. Si chiama Vincenzo Mangione e ha il fiuto del grande investigatore. In un rapporto inviato al prefetto di Reggio Calabria, Antonio La Mola, scrive:

> La più pericolosa piaga morale, dal punto di vista criminale, ond'è afflitta la Calabria, è, senza dubbio, la Picciotteria, una vasta associazione per delinquere contro le persone e le proprietà che è organizzata sotto una forma speciale e caratteristica, per cui sfugge all'azione repressiva della polizia giudiziaria; riesce quasi sempre a eludere la legge; vive del malefizio continuato ed assurge ad una vera e propria istituzione della criminalità, nella quale gli associati trovano una tutela costante che è tanto più pericolosa, quanto più l'associato trionfa con l'imposizione e con la minaccia, che caratterizzano il malinteso orgoglio di queste popolazioni.

Il poliziotto non solo comprende la pericolosità della 'ndrangheta, ma ne mette in evidenza la capacità di relazione. Scrive ancora Mangione:[1]

> Si noti intanto che questi capi, i quali apparentemente menano vita onesta e laboriosa, hanno le loro influenze presso persone insospettabili, la cui opera sfruttano nell'interesse dei soci. Sono personalità politiche, avvocati, medici, possidenti,

> dei quali si sorprende la buona fede; e queste persone rispettabili, cui vengono presentati i fatti, larvati dal sentimento di giustizia, finiscono per spiegare la loro attività nell'interesse dei raccomandati, i quali, se colpevoli di un reato, con queste raccomandazioni, con le false testimonianze che apprestano, con le abili difese che si procurano, spesso riescono a sfuggire a una condanna; e quando proprio non possono sottrarvisi per la irrefragabilità delle prove della loro reità, il discarico li dipinge onesti, delinquenti d'occasione sventurati, per attenuare il rigore della legge; e anche dopo una mite condanna, con le medesime influenze, ottengono non di rado la grazia. È questo protezionismo incosciente per parte di chi aiuta il picciotto, ritenendo di agevolare un disgraziato che provoca il maggior male; e gli ascritti e gli estranei a questa mala vita finiscono, gli uni per aver cieca fede nella potenza della loro istituzione criminale, gli altri per temerla maggiormente e subirne le tristi conseguenze.[2]

Le indagini e le intuizioni di Mangione vengono vanificate dalla ritrattazione dei testimoni in sede istruttoria: vengono così scarcerati gli oltre cento indagati con l'accusa di far parte della picciotteria. Dopo due anni di latitanza, Musolino viene arrestato il 9 ottobre 1901. Al processo, seguito da tutti i più grandi quotidiani nazionali con articoli in prima pagina, il bandito si cuce addosso l'immagine del ribelle raccontato da Eric Hobsbawn. «Non ho mai cercato di ammazzare Vincenzo Zoccali» dichiara ai giudici, «e quando sono riuscito a evadere dal carcere ho giustiziato tutti coloro che avevano contribuito a farmi condannare ingiustamente.» Invano, Mangione aveva cercato di spiegare che quello scontro con Zoccali non era legato ad antipatie paesane, ma a una vera e propria lotta per il controllo del territorio, maturata all'interno della picciotteria di Santo Stefano d'Aspromonte.

Il processo di Lucca, che avrebbe potuto fare luce sulla 'ndrangheta, finisce per concentrarsi sulle gesta del solitario ribelle ferocemente vendicativo, destinato a diventare oggetto di attenzione nei teatri di marionette o sulle tele dei cantastorie e perfino in un film interpretato da Amedeo Nazzari, negli anni Cinquanta, al fianco di una delle più grandi dive del tempo, Silvana Mangano.

Per scoprire la 'ndrangheta ci vorrà molto tempo e ancora di più ci vorrà per capire il «protezionismo incosciente», di cui parlava il delegato di pubblico sicurezza Vincenzo Mangione.

Già nel settembre 1913, gli inquirenti scoprono l'esistenza di una sorta di «consigliori» in grado di dirimere le «controversie che possono nascere fra due Società o gruppi di Società, non che delle eventuali... eleganti questioni di diritto». Si tratta del «lisciandrino» di cui si trova traccia in un articolo pubblicato sulla «Gazzetta di Messina e delle Calabrie» in riferimento a una «vasta associazione a delinquere», composta da almeno 83 persone e guidata da Pietro Fortugno, 38 anni, operaio, ex vigilato, e da Michele Campolo, di cui si è già detto, 28 anni, ozioso pregiudicato, entrambi di Reggio Calabria. Molti hanno precedenti penali per estorsione, furti, lesioni, sfruttamento della prostituzione.[3]

Michele Campolo è lo stesso boss riabilitato nel 1920 grazie alle lettere di referenze dell'avvocato Biagio Camagna, del marchese Felice Genoese Zerbi e di altri esponenti della Reggio-bene.

Passano settant'anni e il senatore Gerardo Chiaromonte rileva gli stessi «intrecci» in un contesto economico-sociale ovviamente diverso. Nella sua relazione, approvata dalla Commissione parlamentare antimafia nel luglio 1990, Chiaromonte scrive: «Sembra probabile che le organizzazioni mafiose si avvalgano di consulenti di assai elevata capacità tecnico-professionale, assunti nel giro di quelli che sono utilizzati da certe imprese, che non sempre si basano sul rispetto dei canoni di lealtà e correttezza o dei principi della libera concorrenza, per cogliere nella logica del massimo profitto la migliore remunerazione e redditività dei capitali impiegati. In tale contesto appare evidente il pericolo che possa crearsi una comunanza di interessi tra economia illegale ed economia legale, e che quest'ultima possa mutuare metodi di intimidazione utilizzati dalle organizzazioni mafiose. D'altro canto, meno è riconoscibile l'origine illecita del denaro, tanto più labile diventa il confine tra attività illecite e l'uso lecito dei profitti».

La ricchezza estorta o accumulata dagli 'ndranghetisti viene investita nel circuito economico e sociale, soprattutto nelle regioni più ricche del Centronord. Ciò che è illegale non è proibito dal mercato, le cui leggi non rispondono né a quelle dello Stato, né a quelle dell'etica pubblica, né tantomeno a quelle della morale privata. Il mercato ragiona prevalentemente in termini di costi e benefici. Ciò che è conveniente, non deve essere necessariamente etico. E gli interlocutori non sempre vengono selezionati grazie ai meccanismi della *due diligence*. Imprenditori e professionisti, in molti casi, ragionano solo in termini di convenienza. Questo grumo di potere che contribuisce al successo delle mafie è stato definito «capitale sociale», ma può essere chiamato anche «reciproca utilità» o «fascino del rischio».

Nel libro *Black Finance: The Economics Money Laundering*, scritto con Ellod Takats, economista del Fondo monetario internazionale, Donato Masciandaro, docente all'Università Bocconi di Milano, calcola che nella classifica dei Paesi in cui vengono investiti i capitali illeciti l'Italia figura al quarto posto dopo Stati Uniti, Isole Cayman e Russia. Il 3,7 per cento del riciclaggio mondiale passa per l'Italia. Masciandaro e Takats sostengono anche che le mafie spendono l'11 per cento del loro fatturato in beni di lusso e reinvestono il 57 per cento in attività legali, dagli immobili alle azioni, alle obbligazioni.

Insomma, ce n'è per tutti. La casistica dei professionisti al soldo delle mafie ha varie tipologie. Ci sono gli avvocati che vanno oltre il loro mandato e si adoperano per occultare operazioni illecite con schermi giuridici, riciclano denaro in cambio di parcelle generose e di percentuali sugli utili.

L'avvocato Vincenzo Minasi con studio a Palmi e Milano, per esempio, suggerisce ad alcuni esponenti del clan Gallico di Palmi di costituire una società al portatore con sede in Delaware (Usa), dove la tolleranza nei confronti delle società opache è pari a quella dei paradisi fiscali, o meglio *offshore*. Gli orizzonti dei Gallico non si sarebbero mai spinti fino al Delaware, senza la consapevole intuizione del consulente legale, prodigo di consigli. Ma ci sono altri avvocati che orientano i clan di 'ndrangheta nelle loro strategie e nelle scelte operative, in modo da aggirare la normativa antiriciclaggio evitando ogni sanzione, penale o amministrativa. Gente esperta, questa, che ha stretti legami anche con grandi siti di scommesse online.

Nel 2008, da un clan originario della Locride, l'avvocato canadese James Kenneth avrebbe ricevuto un milione e settecentomila dollari da riciclare tramite una società costituita nelle isole Turks e Caicos. Lo stesso avvocato funge anche da immobiliarista e per conto del medesimo clan acquista numerosi appartamenti nel cuore di Toronto.

Di giudici che vendevano sentenze e avvocati che ricoprivano il ruolo di mediatori parla il collaboratore di giustizia Saverio Morabito, al tempo di Mani pulite. In un articolo pubblicato su «la Repubblica», Luca Fazzo riferisce di soldi della 'ndrangheta «portati fin dentro le camere di consiglio, consegnati nelle "sagrestie" dove si celebra il rito più riservato della giustizia. Soldi di avvocati mafiosi per corrompere giudici collusi, nel Palazzo di giustizia della città che si faceva chiamare capitale morale. Nei corridoi di marmo convivevano due giustizie. Quella di Di Pietro e di Borrelli, divenuta in questi anni il simbolo della riscossa civile; e, un piano sotto, la giustizia corrotta dal denaro sporco dei *narcos* alla milanese».[4]

E ancora, un altro avvocato viene arrestato con l'accusa

di aver intrattenuto assidue e cordiali frequentazioni con giudici e pubblici ministeri del tribunale dove venivano processati i suoi assistiti. Lo stesso avvocato aveva rapporti anche con poliziotti che, secondo il gip del tribunale di Catanzaro, avrebbero «svenduto il proprio ruolo, piegandolo agli interessi di una potente cosca mafiosa», come quella dei Mancuso di Limbadi.

Come David Kleinfeld nel film di Brian De Palma *Carlito's Way* (1993), tanti avvocati diventano factotum delle cosche, si lasciano coinvolgere in traffici economici e finanziari poco chiari, diventano «consigliori» sempre pronti a suggerire le migliori strade da percorrere e le scelte «giuste» o, semplicemente, si trasformano in postini, ambasciatori, latori di messaggi.

Nel 2014, in Lombardia, un cassazionista, non indagato, viene sospettato di aver riferito notizie riservate sulla collaborazione di uno dei due killer del boss Carmelo Novella, ucciso a San Vittore Olona nel 2008, mentre due penalisti, Giuseppe Putortì e Giulia Dieni, vengono indagati a Reggio Calabria con l'accusa di aver fatto da staffette tra un boss detenuto – coinvolto nel settore degli appalti ecologici e nella gestione fraudolenta di varie discariche regionali – e alcuni affiliati del suo clan.

Ci sono poi i commercialisti, come Roberta Tattini di Bologna, coinvolta nell'operazione «Aemilia» e condannata in primo grado, pienamente consapevole di avere a che fare con esponenti della 'ndrangheta. In una conversazione intercettata, addirittura si vanta di avere tra i propri clienti il boss dell'omonima famiglia, Nicolino Grande Aracri: «È il numero due della Calabria, della 'ndrangheta» racconta al padre. «Comanda tutto a Reggio [Emilia]... Sono imprenditori che rappresentano 140 aziende, no, non droga, sono diversi, però lo sgarro a loro non si fa». Commenta Francesco Alberti sul «Corriere della Sera»: «Tipetto particolare, questa signora brillante, affascinante e spregiudicata, ma terribilmente chiacchierona e di un'ingenuità che lascia allibiti. Dalle sue intercettazioni, gli inquirenti della Dda di Bologna hanno attinto più informazioni che in un confessionale. [...] Al marito [...], che la invita "a stare attenta", lei replica entusiasta: "Ma ragazzi! Domani è un affare che guadagno un milione di euro!!". E al vecchio padre, pure lui preoccupato, risponde in gergo bolognese: "Oh ragazzuoli, funziona così!". È consapevole dei rischi, ma è più attratta dai benefici: "Pur senza farne parte – scrivono gli inquirenti – la consulente bolognese ha contribuito alla realizzazione degli scopi dell'organizzazione mafiosa, mettendosi a completa disposizione di Antonio Gualtieri [cutrese, 51 anni, uno dei capi tra Reggio e Piacenza, in stretti legami con la casa madre di Cutro, *NdR*], fornendo consulenze e partecipando anche in loro vece a incontri di gestione di affari del sodalizio in Emilia, Lombardia e Veneto nella totale consapevolezza di dare un apporto a un gruppo organizzato appartenente alla 'ndrangheta».[5]

In Piemonte, dove i clan calabresi sono stati in grado di infiltrarsi nei cantieri delle Olimpiadi, un commercialista finisce in carcere, mentre un politico e un notaio vengono indagati. Milioni di euro sono investiti nell'acquisto di fabbricati e terreni senza possibilità di tracciare il percorso di tutto quel denaro.

I soldi erano riconducibili al traffico di droga. Alberto Gaino, su «La Stampa», la definisce «l'operazione più importante che sia mai stata fatta in Piemonte per il riciclaggio di denaro sporco».[6]

Un altro commercialista compare nell'indagine sugli appalti pubblici per la ricostruzione dell'Aquila, dopo il terremoto del 2009. Per l'accusa è un prestanome di Santo Caridi, che entra così in contatto con un'impresa edile molto nota nel capoluogo abruzzese, una dinastia di costruttori da tre generazioni. In una conversazione, un referente dell'importante impresa prospetta al commercialista di creare una società per farla «lavorare come azienda appaltatrice per dare i subappalti». Caridi, arrestato nell'ottobre 2010, è un personaggio che fiuta ogni tipo di affare, tanto che a Roma ha rilevato perfino un panificio nel quartiere di Tor Bella Monaca.

Un commercialista calabrese finisce nel mirino degli inquirenti in un'inchiesta sui Mancuso di Limbadi e si scopre che è il cognato di un giudice e il «compare d'anello» di un boss.

Un altro commercialista – milanese, stavolta – viene arrestato in un appartamento di Londra con l'accusa di aver effettuato trasferimenti illegali di beni per la cosca dei Bellocco di Rosarno. Esperto in materia fiscale, sosteneva di essere «un passo sotto a Dio». Anche a Torino, un noto commercialista mette a disposizione dei clan il suo know-how, ideando un sistema in grado di trasformare semplici fatture emesse per operazioni inesistenti in un gettito continuo di denaro contante.

Commercialista è anche Giovanni Zumbo, il quale nel 2010 rischia di far saltare l'operazione «Crimine», facendo da talpa al clan Ficara. Verrà condannato a undici anni di reclusione per concorso in associazione mafiosa. «Lo spaccato che ne viene fuori è di eccezionale gravità» scrivono i magistrati nel provvedimento di fermo «Zumbo Giovanni (personaggio insospettabile che, per usare le sue stesse parole, fa "parte di un sistema che è molto più... vasto di quello che..."), pur non essendo formalmente un partecipe dell'organizzazione denominata 'ndrangheta, fornisce costantemente un apporto di straordinaria importanza per la conservazione e la sopravvivenza della stessa, rivelando ad elementi di vertice del sodalizio (Ficara Giovanni, Pelle Giuseppe) informazioni di straordinaria delicatezza in merito a importantissime indagini in corso, che riesce a procurarsi con sconcertante facilità.»[7]

Ha una parentela importante Enrico Ciglio, commercialista di Milano: è cognato di Michele Sindona. Per conto del clan Morabito di Africo, trasferisce all'estero il patrimonio rappresentato da 26 società che gestivano attività quali alberghi, ristoranti, bar, garage nel cuore di Milano, tutte addirittura lungo il perimetro del tribunale. Scrive Elio Veltri su «l'Unità»: «Ciglio si rivolge a un referente svizzero il quale trova immediatamente per l'operazione di transazione una società, la Eurosuisse italiana, partecipata della Eurosuisse Holding lussemburghese di Jean Paul Faber. Le quote della nuova società, necessaria per la transazione, sono poi cedute a una società svizzera anonima con una triangolazione Milano-Lussemburgo-Lugano nel giro di 15 giorni: efficienza sconosciuta e invidiabile! Il capitale ammonta a circa 50 miliardi, in quanto nel frattempo la società italiana era diventata cessionaria delle quote di partecipazione di 26 società».[8]

Ci sono poi altri professionisti coinvolti nell'enorme sistema di manipolazione: ingegneri, geometri e architetti. Sono pronti a proporre varianti a qualunque piano regolatore, squadernando le cubature dei comuni destinate alle aree edificabili.

Tecnici e ingegneri vengono coinvolti nell'inchiesta sul megaparco eolico sequestrato a Isola Capo Rizzuto nel 2012. Scrive Carlo Macrì sul «Corriere della Sera»: «Nel corso dell'attività d'indagine la guardia di finanza ha riscontrato una serie d'irregolarità amministrative connesse al rilascio di licenze da parte della Regione Calabria. L'impianto di Isola Capo Rizzuto produce energia da fonte rinnovabile e grazie a questa sua peculiarità rientra tra quelli idonei all'ottenimento di certificati verdi introdotti dal decreto Bersani. Gli Arena di Isola Capo Rizzuto avevano fiutato l'affare dell'Eolico già nel 2005».[9]

Neanche i bancari, peraltro sfuggono a questa preoccupante casistica. Per legge dovrebbero segnalare le transazioni sospette. Molti lo fanno, tanti altri no, nonostante le indicazioni della Banca Centrale. I confini tra mercati legali e illegali sono sempre più opachi e porosi; e poi nelle banche passa di tutto, complici le triangolazioni con i cosiddetti paradisi fiscali.

Nel 2013, vengono individuate in Toscana e in Calabria diverse società riconducibili a un esponente del clan Molè di Gioia Tauro, il quale, come scrivono gli inquirenti nell'ordinanza di custodia cautelare, «non avrebbe potuto operare se le banche non fossero state compiacenti». Indagini simili si registrano in quasi tutte le regioni italiane. «Sorprende la facilità con cui i soldi della 'ndrangheta e delle altre mafie entrano nel mercato legale» spiega Giovanni Bombardieri, procuratore aggiunto della Direzione distrettuale antimafia di Catanzaro.

X

Il «coso»: nuova 'ndrangheta o nuova massoneria deviata?

Il rapporto con la massoneria più o meno deviata, come si è visto, è di lunga data. Affiora già nel 1869, e continua a emergere anche oggi, come dimostra una delle tante operazioni su questo filone di indagine, la «Kyterion 2», coordinata dalla Direzione distrettuale antimafia di Catanzaro. Salvatore Scarpino, detto «Turuzzo», è un noto imprenditore di legnami. In una conversazione intercettata dai carabinieri, spiega l'importanza di avere i contatti giusti: «Ho un problema [...] su Roma, qualsiasi tipo di problema [...]» dice. «Loro hanno il dovere... siccome è una massoneria, siamo. Cioè uno, quando uno di noi ha un problema, si devono mettere a disposizione... E devono risolverlo il problema.» Per i magistrati, Scarpino è un uomo che «per conto della consorteria cutrese si impegna in operazioni finanziarie e bancarie, e mantiene contatti diretti e frequenti con il capo locale Grande Aracri Nicolino», ponendosi «da intermediario tra questi e altri soggetti estranei all'associazione al fine di consentire l'avvicinamento a settori istituzionali per il tramite di ordini massonici e cavalierati».

In un'intercettazione telefonica resa pubblica nel 2013, Pantaleone Mancuso, detto «Zio Luni», esponente di spicco della 'ndrangheta, arriva a dire che la 'ndrangheta non esiste più. «Una volta a Limbadi, Nicotera, Rosarno c'era la 'ndrangheta. Adesso la 'ndrangheta fa parte della massoneria. Ha però le stesse regole.» Poi chiarisce: «Ora è rimasta la massoneria e quei quattro storti che ancora credono alla 'ndrangheta! Una volta era dei benestanti la 'ndrangheta. Dopo gliel'hanno lasciata ai poveracci, agli zappatori... e hanno fatto la massoneria! Le regole quelle sono! Come ce l'ha la massoneria ce l'ha quella! [...] Il mondo cambia e bisogna cambiare tutte [le] cose! Oggi la chiamiamo "massoneria", domani la chiamiamo P4, P6, P9».

Un altro affiliato, sul versante opposto, quello ionico, nel corso una conversazione con la moglie, fa un ragionamento tutto particolare: «C'è una che si sa e una che non la sa nessuno, perché se no oggi il mondo finiva; se no tutti cantavano». Le parole scorrono via rapide come le curve della Statale 106. Sebastiano Altomonte fa il sindacalista scolastico ed è anche consigliere comunale a Bova Marina. Nemmeno immagina che una microspia sta registrando le sue conversazioni. E aggiunge: «C'è la visibile e l'invisibile che è nata da un paio di anni e che non la sa nessuno, solo chi è invisibile». Di Altomonte così scrivono i magistrati: «Funge da anello di congiunzione tra esponenti di spicco della locale criminalità organizzata ed appartenenti al settore politico-amministrativo della fascia ionico-reggina, tra i quali l'ex consigliere regionale Domenico Crea; mantiene rapporti privilegiati con famiglie di 'ndrangheta del comprensorio di Africo (Glicora, Micantoni, Criaco); partecipa alla costituzione di una sorta di "cupola", unitamente ad altri personaggi di vertice quali Leone Morello, Leone Modaffari e Antonino Vadalà, finalizzata ad esercitare il predominio nel comprensorio di Bova Marina oltre che a gestire un gruppo politico alle loro dipendenze; mantiene costanti rapporti con tutte le cosche della fascia ionico-reggina in quanto parte del predetto gruppo criminale che definisce degli "invisibili"».[1]

Nel maggio 2016, in riferimento all'operazione «Fata Morgana», il gip di Reggio Calabria, Domenico Santoro, scrive: «[...] l'organizzazione "fotografata" dalla presente indagine travalica i confini calabresi e non solo al fine di intessere illecite relazioni con omologhi circuiti delinquenziali (mafia, camorra o altre associazioni del medesimo stampo) ovvero con sistemi di dominio altrettanto ferali (per esempio, interlocutori di rango politico e/o amministrativo deviati, associazioni segrete come la massoneria, circuiti economici dal potere radicato), ma già in quanto costituita secondo un organico complesso il cui impianto risulta articolato in più ordini, in più livelli».[2] Concetti che erano stati già ribaditi dalla Commissione d'inchiesta sulla mafia nell'XI legislatura e in particolare dalla relazione Cabras, che aveva definito le logge massoniche occulte come l'anello di congiunzione fra la mafia e la politica e più in generale gli ambienti sociali localmente influenti.

Nel luglio 2016, i risultati di un'indagine del Raggruppamento speciale operativo dei carabinieri coordinata dal pm Giuseppe Lombardo della Direzione distrettuale antimafia di Reggio Calabria, guidata da Federico Cafiero de Raho, confermano l'esistenza di quella componente insospettabile e invisibile della 'ndrangheta, già evocata in altre inchieste precedenti. Si tratterebbe di una evoluzione della Santa, cioè una struttura «segreta» capace di infiltrarsi negli ambienti politici e di sedersi al tavolo in cui si prendono decisioni importanti. Durante una conversazione intercettata il 24 luglio 2013, un uomo molto vicino a Pasquale Libri dice: «Ci sono un sacco di cose... regionali... mondiali... queste non le sanno tutti... e neanche loro sapevano queste cose... tutte tutte non le sanno... sono arrivati fino ad un certo punto... poi basta... in effetti sapevano dell'Australia, dell'America... [...] però c'è un'altra cosa ancora che non la sanno nemmeno loro... qua a Reggio contano i... i Segreti... Giorgio De Stefano gliel'ha calata la questione... sei, sette... erano in totale... il coso è di sette».[3]

Il «coso» sarebbe un nuovo livello della 'ndrangheta, invisibile e sconosciuto ai più: una componente riservata, alla quale spettano compiti di direzione strategica. Alcuni degli «invisibili» individuati durante l'indagine «Mammasantissima» erano già stati indagati al tempo dell'operazione «Meta», coordinata dal sostituto procuratore Giuseppe Lombardo e dal colonnello dei carabinieri Valerio Giardina.

Scrive il giudice per le indagini preliminari del tribunale di Reggio Domenico Santoro, nell'ordinanza di custodia cautelare emessa nei confronti di cinque persone, tra cui un ex deputato, un senatore e un ex consigliere regionale:[4]

> Le conoscenze acquisite, in definitiva, si connotano per l'essere in grado di rappresentare una realtà che definire allarmante è eufemistico, consegnando, specie per quanto riguarda la città di Reggio Calabria, dei fotogrammi che fanno comprendere, nei limiti propri della presente fase, come ogni momento significativo della vita politica ed economica appaia essere stato determinato da un nucleo riservato di soggetti, legati alla storia della 'ndrangheta cittadina, specie a quegli ambiti occulti che le dichiarazioni dei collaboratori di giustizia hanno illustrato a partire dagli anni Novanta e che allignano nell'evoluzione stessa della 'ndrangheta da società dello sgarro a quella che sarebbe stata la base dell'attuale principale agenzia criminale mafiosa (non solo italiana ma – non sembri eccessivo – mondiale).

Il senatore Antonio Caridi, finito al centro dell'inchiesta «Mammasantissima» e accusato di essere uno degli strumenti "riservati" usato per piegare le istituzioni ai voleri dei clan, viene arrestato agli inizi di agosto del 2016. «Contro di me accuse infamanti e senza alcuna prova» si difende prima del voto con cui il Senato accoglie la richiesta per il suo arresto.

Significativo il commento del generale Giuseppe Governale, comandante del Raggruppamento speciale operativo dei carabinieri: «Per la prima volta, non è la politica che si è messa a disposizione. Qui siamo in presenza di un'altra cosa: è la struttura che, managerialmente, costruisce uomini per infiltrare ai vari livelli il mondo istituzionale. E lo fa al comune di Reggio Calabria, alla provincia, alla regione, tenta di farlo al parlamento nazionale e tenta di farlo addirittura al parlamento europeo. È una strategia programmatica per alterare l'equilibrio e il ruolo di concerto democratico degli organi istituzionali, cercando di orientare le scelte verso gli interessi della criminalità». Per il generale Governale si tratta di un'operazione spartiacque che ribadisce l'urgenza di «illuminare questa area con riflettori capaci di stigmatizzare i comportamenti che assumono differenti tonalità di grigio».[5] Un'operazione dalla quale non si può prescindere, al pari di «Olimpia», «Armonia», «Crimine», «Infinito», per comprendere la complessità della 'ndrangheta e i suoi rapporti con il potere, più o meno visibile.

Altrettanto significative sono, in quest'ottica, le dichiarazioni dell'ex Gran Maestro del Grande Oriente d'Italia (GOI), Giuliano Di Bernardo, interrogato dal pm Lombardo durante le indagini sull'operazione «Mammasantissima»: «Ettore Loizzo, ingegnere di Cosenza, mio vice nel GOI, persona che per me era il più alto rappresentante del GOI, nel corso di una riunione della Giunta del Grande Oriente d'Italia [una sorta di CdA del GOI in cui era presente anche il successore Gustavo Raffi], [...] che io indissi con urgenza nel 1993 dopo l'inizio dell'indagine del dottor [Agostino] Cordova sulla massoneria, a mia precisa richiesta, disse che poteva affermare con certezza che in Calabria, su 32 logge, 28 erano controllate dalla 'ndrangheta. Io feci un salto sulla sedia». Nel corso della stessa testimonianza, Di Bernardo racconta di aver esposto il problema al duca di Kent, che è al vertice della massoneria inglese: «Lui mi disse che già sapeva questa situazione tramite notizie da lui avute dall'Ambasciata in Italia e dai servizi di sicurezza inglesi». È la sinergia la cornice entro la quale interpretare le evoluzioni della 'ndrangheta, sempre più lontana da quella dimensione di arretratezza atavica in cui in modo troppo semplicistico e con altrettanta superficialità è stata sempre collocata.

Purtroppo, c'è chi tende ancora a minimizzare. «Non sono un criminale, non sono un delinquente» sostiene nel corso di dichiarazioni spontanee davanti ai giudici del tribunale di Milano l'avvocato tributarista Pino Neri, accusato di associazione mafiosa. «E non c'è nessun locale di 'ndrangheta a Pavia. Questo è un processo basato sulle chiacchiere. La mia unica colpa? Avere portato avanti i miei principi secondo una tradizione antica, ma nulla di più.» La tradizione antica cui fa riferimento l'avvocato Neri riguarda i tre cavalieri spagnoli, uno dei miti fondativi della 'ndrangheta. «Se riferirsi ai principi, ai riti di Osso, Mastrosso e Carcagnosso significa perciò essere mafioso» aggiunge, «allora sarebbe auspicabile *de iure condendo* che si inserisse una norma, un *quater*, oppure un comma che dicesse che tutto ciò che si riferisce a Osso, Mastrosso e Carcagnosso perciò solo è associazione di stampo mafioso.»

Insomma, per Neri, è tutta una questione di folclore che andrebbe ricondotta al generoso temperamento dei calabresi. Storie come quelle di Cenerentola e Biancaneve, Pelle d'Asino e Raperonzolo, nella migliore tradizione del «cunto» di Letterio Di Francia, calabrese nato a Palmi nel 1877 e curatore di una fondamentale raccolta di *Fiabe e novelle calabresi* pubblicata nel 1929.

XI

Il voto di scambio e gli accordi inconfessabili

Un secolo e mezzo dopo le sue prime manifestazioni, la 'ndrangheta è sempre più forte, consustanzialmente moderna. È ormai legittimata socialmente e al tempo stesso conosciuta in tutto il mondo grazie alla sanguinaria campagna di «marketing» condotta a Duisburg, in Germania, ultimo atto della lunga e violenta faida di San Luca.

In Australia, dov'è approdata negli anni Venti del secolo scorso, dal 1977 a oggi la 'ndrangheta ha ucciso un attivista politico, due uomini delle forze dell'ordine – tra cui il vicecapo dell'Australia Federal Police, Colin Winchester – e un avvocato penalista, Joseph Acquaro, eliminato probabilmente per aver parlato troppo con un giornalista, al quale avrebbe rivelato segreti che dovevano restare tali.

Nel 2015, un'inchiesta condotta dal giornalista Nick McKenzie per conto della Australian Broadcast Corporation (ABC) ha scavato negli intrecci del potere, scoprendo che un uomo legato alla 'ndrangheta aveva incontrato l'ex primo ministro John Howard e altre figure di spicco del Partito liberale, nel corso di eventi organizzati per raccogliere fondi. E ha scoperto anche che il figlio di un boss della 'ndrangheta aveva lavorato nell'ambasciata australiana a Roma, al tempo in cui ambasciatore in Italia era Amanda Vandstone.

Da ministro dell'Immigrazione, la Vandstone era finita

al centro di un'accesa polemica per aver revocato il provvedimento di espulsione firmato dal suo predecessore nei confronti di Francesco Madaffari, un presunto 'ndranghetista che sosteneva di essere malato di mente, prima di venire coinvolto nel più grande traffico di ecstasy scoperto in Australia.

Sempre in Australia, nel 2011, è stato coinvolto in vicende di 'ndrangheta l'ex sindaco di Sturling, Tony Vallelonga, originario di Nardodipace, in provincia di Vibo Valentia. Vallelonga, destinatario di un ordine di custodia cautelare emesso da un giudice per le indagini preliminari del tribunale di Reggio Calabria, era stato intercettato mentre discuteva degli assetti operativi della 'ndrangheta in Australia con il boss di Siderno, Giuseppe Commisso, detto «U mastru». Non è mai stato estradato, in quanto cittadino di un Paese che non riconosce il reato di associazione mafiosa. Vallelonga, comunque, ha sempre negato ogni accusa.

Anche in Germania la 'ndrangheta è di casa da tempo, e non solo perché da decenni investe i lucrosi guadagni del traffico di droga e armi, come più volte ha messo in evidenza il Bundesnachrichtendienst, l'Aise tedesco. Anche qui, la 'ndrangheta è riuscita a infiltrarsi nei gangli della politica. A Stoccarda, per esempio, molti ricordano ancora il sostegno garantito al leader del Partito cristiano democratico, Gunther Gettinger, da Mario Lavorato, un ristoratore legato al clan Farao di Cirò, provincia di Crotone. Questo rapporto tra Gettinger e Lavorato mise nei guai anche Thomas Schäuble, ministro della Giustizia nel Land del Baden-Württemberg, costretto a dimettersi per aver avvisato l'amico e compagno di partito dei sospetti che polizia e magistratura nutrivano sul conto del ristoratore calabrese, compromettendo così le indagini in corso.

Relazioni altrettanto pericolose sono emerse in Canada e in particolare a Toronto e a Montreal, dove la 'ndrangheta è coinvolta in speculazioni edilizie, ma anche in raccolte fondi per finanziare la campagna elettorale di amministratori comunali. Sospetti e collusioni politiche sono affiorati anche in un'indagine sulla gestione dei rifiuti urbani e industriali condotta in Ontario dal ministero dell'Ambiente.

Tuttavia, se le infiltrazioni mafiose nel mondo politico all'estero suscitano ancora scalpore, purtroppo qui non fanno quasi più notizia i tanti politici italiani che, da nord a sud, sono pronti e disponibili a trattare con la 'ndrangheta. Proprio di recente ha messo il dito nella piaga il neo presidente dell'Associazione nazionale magistrati, Piercamillo Davigo, ricordando senza mezzi termini che molti politici non hanno mai smesso di rubare. Hanno solo smesso di vergognarsi, rivendicando con sfrontatezza quel che prima facevano di nascosto. Niente di più vero, se si leggono con attenzione le sentenze passate in giudicato sui tanti politici locali coinvolti in affari con boss e affiliati alla 'ndrangheta. Se un tempo, però, erano gli 'ndranghetisti a chiedere favori ai politici – o magari a pretenderli – oggi sono questi ultimi che vanno a trovare boss e affiliati per garantirsi il loro sostegno elettorale. Uno degli esempi più eclatanti degli ultimi anni è quello di Giuseppe Pelle.

Figlio dell'ex capocrimine Antonio, detto «Gambazza», nel 2010 Pelle era sottoposto alla misura di prevenzione della sorveglianza speciale con obbligo di soggiorno a Bovalino, in via Borello 20. Era periodo di elezioni amministrative e il boss riceveva continuamente le visite di candidati che gli chiedevano un appoggio, promettendo in cambio «favori di vario tipo», come l'aggiudicazione di appalti pubblici e il trasferimento di detenuti di notevole spessore criminale in carceri più «comodi».

Pelle ragiona da stratega: «Mandiamo prima sei candidati al Consiglio regionale e, se dimostrano di essere affidabili, poi li facciamo arrivare a Roma». Secondo il boss, il Consiglio regionale doveva essere una sorta di rodaggio, in grado di compattare i voti gestiti dai vari clan disseminati sul territorio. «La politica nostra è sbagliata» ammette Pelle. «Dobbiamo essere più compatti, più uniti» sostiene, facendo intendere che anche sul piano politico la 'ndrangheta avrebbe dovuto dotarsi di una direzione strategica. Sanno di essere determinanti, questi galantuomini. «Loro hanno bisogno di noi e non viceversa» ammicca sornione Giovanni Ficara, parlando con Pelle il 13 agosto 2010. «Tanto noi impegni non ne abbiamo con nessuno, nessuno. A tutti gli diciamo... a tutti gli diciamo sì e poi votiamo a chi vogliamo noi.»

Giuseppe Pelle, scrive il gip di Reggio Calabria, Roberto Carrelli Palombi, «riceveva tutti e a tutti manifestava la propria disponibilità a concedere l'appoggio elettorale dell'organizzazione, riservandosi poi di verificare lo spessore politico di ogni candidato e le sue effettive possibilità di elezione».

I candidati che si recano da Pelle appartengono a quasi tutti gli schieramenti: da Santi Zappalà, sindaco di Bagnara Calabra – candidato alle regionali con il Popolo delle Libertà e poi eletto con 11.085 preferenze – a Francesco Iaria, candidato alle regionali con la lista Casini – Unione di Centro; da Vincenzo Cesareo, direttore sanitario del presidio ospedaliero di Praia a Mare (Cs), candidato alle regionali con la lista Socialisti Uniti - PSI per Scopelliti ad Antonio Carpentieri, candidato alle comunali di Bovalino con la lista L'esperienza per il rinnovamento e lo Spirito; da Pietro Antonio Nucera, medico, presso l'ospedale civile di Melito Porto Salvo, candidato alle regionali con la lista Insieme per la Calabria - Scopelliti Presidente, a Liliana Aiello, candidata nella stessa lista. E ancora: da Antonio Manti, candidato alle regionali con Alleanza per la Calabria a Federico Curatola, candidato alle comunali di Bagaladi con la lista Progetto Comune e poi eletto sindaco.

Le intercettazioni ambientali a casa di Pelle rivelano anche la natura del voto di scambio. «Vediamo se possiamo trovare un accordo, se ci sono le condizioni» propone l'allora sindaco di Bagnara, promettendo di sdebitarsi in caso di conseguimento di un «brillante risultato elettorale» alle regionali, cioè «per arrivare sicuramente nei primi tre».

Nell'occasione, Mesiani Mazzacuva, boss di Bova Marina, lo rassicura: «Ma noi qua, quello che dobbiamo fare, lo facciamo». «Lo so» replica Zappalà, incalzato dallo stesso Mesiani Mazzacuva: «È interesse di tutti a progredire... progredire in maniera molto oculata [perché] quando uno chiarisce una posizione, si trova meglio dopo... e quando c'è un problema lo manifesta». E aggiunge: «Quando sposo una causa, e quindi io e gli amici miei diamo il massimo, nello stesso tempo poi, non dico che pretendiamo, perché non è nella mia natura e di chi mi rappresenta, più grande o chi mi ha preceduto, per dire... però desidereremmo proprio avere quell'attenzione... quell'attenzione, per come poi ce la accattiviamo, per simpatia ma per amicizia prima di tutto». Zappalà allarga le braccia: «Almeno una porta aperta l'abbiamo... "preferenziale"». Il lavoro a cui fa riferimento Mesiani Mazzacuva sono gli appalti finanziati con fondi pubblici, grazie alla corsia preferenziale «garantita» da Zappalà. O da quelli come Zappalà che, al di là dei rilievi penali, trovano conveniente sedersi allo stesso tavolo degli 'ndranghetisti. Quando vengono «scomodati», i boss della 'ndrangheta non si tirano certo indietro. Ma poi pretendono.

In un'altra conversazione, intercettata a casa del boss Giuseppe Pelle, si fa riferimento al sostegno promesso al candidato Pietro Antonio Nucera, grazie all'interessamento di Giovanni «Gianni» Ficara. Pelle avverte: «Però ditegli a Pierino che quando si presenta compare Gianni là, in ospedale [dove Nucera lavora come medico, *NdA*] o di qualunque cosa abbiamo bisogno [...] deve essere a disposizione». Poi fanno i conti: «Chi dice quattro e magari sono due, per ora ci affianchiamo con loro; entro i tremila voti dovremmo arrivare».[1]

Il sistema di relazioni della 'ndrangheta al Nord non è

molto diverso. Lo conferma Rocco Varacalli durante un'intervista concessa a Domenico Iannacone e Danilo Procaccianti per il programma *Presa diretta*, di Riccardo Iacona, giornalista di Rai3. «La 'ndrangheta ha bisogno della politica e i politici hanno bisogno della 'ndrangheta. Il patto si fa prima: a loro i voti a noi i cantieri.» [2]

Insomma, da un capo all'altro dell'Italia, alla base di ogni patto scellerato tra boss e politici ci sono relazioni reciprocamente vantaggiose, come scrive il giudice delle indagini preliminari nell'ordinanza di custodia cautelare che porta all'arresto dell'ex assessore regionale della Lombardia, Domenico Zambetti, successivamente condannato per voto di scambio: «Le regole sono molto semplici» spiega, «da una parte il politico ha necessità di aumentare il pacchetto di preferenze elettorali per incrementare il consenso politico e ricoprire un incarico maggiormente significativo nelle istituzioni pubbliche, dall'altra le cosche hanno l'interesse a incassare sia denaro sia maggiori vantaggi che possano derivare dai futuri incarichi ricoperti dal candidato, il quale, da quel momento, volente o nolente, diviene una risorsa che la consorteria impiega per consolidare il proprio potere sul territorio».

I candidati affidabili vengono selezionati con grande attenzione. «Gli altri dieci locali che noi possiamo attingere voti, poi vediamo a chi c**** appoggiare per vedere nella Regione, per avere a uno che ci possa garantire qualche cosa, ma nella peggiore delle ipotesi qualche lavoro» dice Giuseppe Panzera, genero e braccio destro di Giuseppe Morabito, boss di Africo, ignaro di essere intercettato. L'utilizzo dei voti come merce di scambio non richiede alcuna adesione ideologica, ma solo considerazioni pragmatiche.

Anche al Nord le inadempienze si pagano care, con la 'ndrangheta pronta a manifestare il suo lato più aggressivo. «[...] lo andiamo a prendere in ufficio e lo... crepiamo di palate» dice uno 'ndranghetista in riferimento alle titubanze di Zambetti. Dopo averlo minacciato, lo stesso 'ndranghetista si lascia andare a un commento compiaciuto: «Hai visto quel *pisciaturu* di Zambetti come ha pagato... eh ... lo facevamo saltare in aria... gli abbiamo mandato una lettera..., gli hanno fatto la cronistoria di come sono... come sono iniziate le cose, di come erano i patti e di come andavano a finire... quindi... si è messo a piangere oh... davanti a me e a zio Pino... e piangeva... per la miseria... si è c***** sotto».

Storie di ordinaria violenza che fanno da contraltare agli incontri dal tono conviviale. «Dentro questo tavolo lavoriamo tutti» rammenta l'ex sindaco di Leinì (To), Nevio Coral, conversando con alcuni boss della 'ndrangheta, durante una cena organizzata per promuovere la candidatura di suo figlio al Consiglio provinciale. L'ex sindaco pesa le parole, ma esprime concetti chiarissimi. Spiega l'importanza delle lobby o meglio del tavolo allargato, intorno al quale ciascuno «ha qualcosa che un altro non può» e che «però gli può essere utile e viceversa». Poi segnala la mancanza «in questo territorio» dei «poteri forti». E chiarisce: «Quando le strade si fanno, i lavori si fanno, gli appalti vanno avanti [...] e innanzitutto prendiamo uno lo mettiamo in Comune, l'altro lo mettiamo nel Consiglio, l'altro lo mettiamo in una Proloco, l'altro lo mettiamo in tutt'altra cosa, magari arriviamo che ci ritroviamo persone nostre che... e diventiamo un gruppo forte».

La logica dei poteri forti auspicata da Coral in Piemonte, non è diversa da quella che caratterizza la 'ndrangheta nel resto del Paese, e soprattutto in Calabria.

Qui, nel 2016 viene scoperto l'ennesimo grumo di potere, «un calderone da sempre ribollente che mischia criminalità, massoneria, politica, imprenditoria e in alcuni casi anche la magistratura».[3] Si tratta dell'inchiesta «Fata Morgana».

Vengono arrestate sette persone e si procede all'iscrizione nel registro degli indagati di un gran numero di imprenditori e politici locali. Al centro dell'inchiesta coordinata dalla Direzione distrettuale antimafia di Reggio Calabria finisce Paolo Romeo, avvocato, già condannato per concorso esterno in associazione mafiosa e sospettato di aver avuto un ruolo nel fallito golpe del principe Junio Valerio Borghese, ma ancora in grado di mantenere «il suo baricentro nel governo "reale" delle dinamiche cittadine». Camuffandosi dietro associazioni in apparenza innocue come il Circolo Posidonia, secondo l'accusa Romeo riesce a esercitare «l'arte della persuasione ricattatoria» e ad accreditarsi come uno dei maggiori rappresentanti del sistema criminale che governa tutte le dinamiche di Reggio e provincia. È, questo, una sorta di cerchio che si chiude, dalla massoneria anticlericale del 1869 alle trame di potere dell'operazione «Fata Morgana», in cui ricompaiono prepotenti molti fantasmi del passato.

In termini generali, spiega Alberto Vannucci, docente di Scienza Politica dell'Università di Pisa e grande esperto di corruzione, «le principali risorse che le organizzazioni criminali possono offrire agli interlocutori politici come merce di scambio, per influenzare i processi decisionali e ottenere altri vantaggi, sono di natura politica ed economica, ma prevedono anche il ricorso alla violenza. Le risorse politiche, come l'organizzazione dei voti, riguardano il consenso e il sostegno, ovvero la regolazione del mercato del voto. Le risorse economiche si riferiscono a tangenti o finanziamenti garantiti a sostegno di particolari candidati o partiti. La violenza, minacciata o praticata, prevede invece l'intimidazione o l'eliminazione degli avversari». Per Vannucci, l'essenza del potere mafioso deriva non solo dalla sua natura coercitiva, cioè dalla capacità e dalla possibilità di usare la violenza in caso di necessità, ma anche dalla sua reputazione, cioè dalla consapevolezza, per chi viene in contatto con essa, che la violenza possa essere usata, se necessaria. Spesso, dunque, la minaccia percepita si rivela più efficace di quella praticata. Spiega ancora Vannucci: «L'utilizzo dell'una o dell'altra risorsa dipende soprattutto dalla durata dell'interazione: se si prefigurano o si vogliono propiziare intese di lungo periodo tra le due parti, allora è relativamente più conveniente l'utilizzo di risorse politiche, che richiedono tempo e pazienza per essere organizzate e mobilitate, capitalizzando relazioni sociali, informazioni, controllo territoriale, a integrazione – o in sostituzione – di eventuali contributi in denaro. Questo è il senso della relazione simbiotica o di reciproca protezione che a certe condizioni lega politici e mafiosi, in cui le contropartite specifiche sfumano in un "contratto di protezione" dai contenuti più estesi e dalle clausole più elastiche, che si applica in modo flessibile a imprevedibili contingenze future».[4]

I rapporti comunque variano da persona a persona. Ci sono 'ndranghetisti che non concedono deroghe e pretendono tutto e subito, ma ci sono anche quelli disposti a temporeggiare, investendo nel futuro. Così è successo in Lombardia con un imprenditore che, in cambio del sostegno elettorale alla figlia, promette di disobbligarsi con qualche appalto. «Soldi non ne ho, però se mi fate avere i vostri voti io vi aiuto con il lavoro» dichiara durante una riunione con esponenti della 'ndrangheta.[5]

C'è però anche chi condiziona l'elettorato di interi paesi, come il clan Gioffrè di Seminara, in provincia di Reggio Calabria. In piena campagna elettorale, durante alcune conversazioni intercettate, i figli del boss ammettono di poter contare su 1050 voti. A urne chiuse, le preferenze dirottate sul sindaco uscente Antonio Pasquale Marafioti saranno 1058, otto in più. In quella circostanza, il clan Gioffrè, oltre a presidiare materialmente i tre seggi del Comune, facendo nominare propri esponenti come rappresentanti di lista, arriva a ritirare «le tessere elettorali di svariati elettori in maniera da controllare una per una le persone che vanno a votare, riconsegnando le tessere davanti al seggio anche al fine di esercitare una notevole pressione psicologica finalizzata a "ricordare" agli elettori i candidati cui doveva essere data la preferenza». A numerosi elettori, lo stesso clan impone l'utilizzo di un normografo per apporre il nome del candidato cui dare la preferenza «al fine di effettuare un controllo postumo sulle schede elettorali [...] ingenerando negli stessi [elettori] paura per eventuali ritorsioni in caso non avessero votato i candidati proposti da Gioffrè e alterando, così, il libero esercizio del voto sotto il profilo della libertà, genuinità e segretezza».[6]

La costante – al Nord come al Sud – invece è legata al rispetto degli accordi stabiliti. Spiega Vannucci: «Le organizzazioni mafiose che colonizzano i nuovi territori e mirano a mettervi radici cercano interlocutori disponibili nel mondo dell'imprenditoria, delle professioni, e naturalmente anche della politica e dell'amministrazione pubblica. Ai mafiosi conviene sempre "economizzare", quando possibile, il costoso ricorso all'intimidazione e alla violenza, ma questo vale in misura ancora maggiore – ed è spesso una necessità – in queste aree dove la strategia più efficace è quella di entrare nei circuiti di scambio illecito e di proteggere le transazioni illegali ricorrendo ad altre risorse, come la reputazione che normalmente li accompagna, e naturalmente la forza del denaro». Per Vannucci, «la corruzione è la strada maestra con cui le organizzazioni mafiose si presentano agli interlocutori politici in questi territori, visto che un politico corrotto sarà poi permanentemente sotto scacco, in quanto ricattabile, e dunque a disposizione».[7]

Gli 'ndranghetisti – come risulta dalle principali vicende emerse – non sembrano utilizzare tecniche particolarmente originali per pagare tangenti a politici e burocrati, privilegiando, quando possibile, modalità indirette di pagamento, utili per dissimulare meglio la natura illecita della sottostante transazione (bonifici estero su estero, contratti fittizi di consulenza, assunzioni di prestanome, quote fittizie in società...). A marcare una differenza, come spiega ancora Vannucci, «c'è invece il fatto che, conoscendo la caratura degli interlocutori, i politici e i funzionari si trovano in una posizione negoziale più debole e – soprattutto – hanno incentivi fortissimi a "rigare dritto" in merito al rispetto degli impegni e della parola presa nei patti di corruzione, a differenza di quello che accade con gli ordinari corruttori. Spesso poi i flussi monetari di tangenti si accompagnano ad accordi relativi all'allocazione dei pacchetti di voti controllati dall'organizzazione mafiosa. In questo caso si osservano talora "tangenti" pagate dai politici a soggetti mafiosi in cambio della capacità di orientare a loro vantaggio il supporto elettorale, operando come una sorta di intermediario nella "corruzione elettorale" dei cittadini».

Infine, anche Vannucci ribadisce l'importanza del «capitale sociale» nell'affermazione delle mafie:[8]

> Il radicamento delle organizzazioni mafiose e l'efficacia della loro azione regolatrice di relazioni sociali e mercati illeciti – come per ogni altra «impresa» illegale – discendono dal grado di efficienza nella produzione e offerta di servizi di garanzia di adempimento e protezione degli incerti «diritti» in gioco. Tra gli input necessari per l'esercizio di tali attività vi è la disponibilità di risorse provenienti da attori che si collocano al di fuori del loro perimetro organizzativo, tali da non poter essere prelevate coattivamente, ovvero estorte mediante il ricorso alla violenza. Un elenco delle risorse utili e talora indispensabili alle organizzazioni mafiose sarebbe tanto esteso quanto eterogeneo, sicuramente comprendente svariate forme di influenza su scelte e processi decisionali pubblici e privati, finalizzati ad accrescere le aspettative di impunità degli attori criminali (tramite perizie cliniche artefatte, rimozione di funzionari scomodi...), così come ad ottenere contratti, licenze, concessioni, cure mediche, controllo di pacchetti di voti e tessere, assunzione di personale, accesso a circuiti finanziari, prestiti, legittimazione sociale. Per avere accesso a tali servizi i membri delle organizzazioni criminali debbono allacciare relazioni con esponenti del mondo della politica, della burocrazia, dell'imprenditoria, della finanza, delle professioni – i cosid-

detti «colletti bianchi». Si tratta di un insieme di attori accomunati da alcuni profili comuni: elevati livelli di istruzione, disponibilità di risorse di potere, alto status socio-economico, prestigio, competenze professionali. Questi soggetti, in altri termini, detengono un cospicuo potere negoziale che li rende relativamente meno soggiogabili o vulnerabili all'intimidazione mafiosa – dal momento che la loro opposizione, o ancor peggio loro reazione potrebbe infliggere danni consistenti all'organizzazione criminale, specie in caso di conflitto aperto. Una strategia di reciproco supporto, ove praticabile, è spesso più conveniente per gli attori mafiosi, e le relazioni di scambio sono la strada maestra per alimentare i meccanismi di interazione cooperativa.

XII

Le nuove tecniche di consenso sociale e di arricchimento

Il calcio è uno di quei settori nel quale la 'ndrangheta ha messo il naso da tempo e dentro il quale è possibile sviluppare «meccanismi di interazione cooperativa». Molte società calcistiche, infatti, vengono utilizzate per acquisire consenso sul territorio, come dimostra un'indagine del 2015 della Direzione investigativa antimafia di Catanzaro, che ha anche accertato il coinvolgimento di oltre trenta squadre di calcio di Lega Pro e serie D in una serie di combine gestite da due distinte organizzazioni criminali. Oggi, in pratica, qualsiasi campionato è «contaminabile». Nel 2006 c'è stato un tentativo per truccare due partite del Campionato del mondo.

Scrive la Commissione antimafia nella relazione presentata nel luglio 2016, in cui un intero capitolo è dedicato al *match fixing* e alle infiltrazioni della criminalità organizzata nelle società di calcio: «L'interesse delle organizzazioni mafiose nel mondo del calcio non è limitato solo al giro delle scommesse e delle partite truccate, bensì rappresenta un utile volano per acquisire consenso elettorale, economico e finanziario. È soprattutto il calcio delle serie minori ad attirare gli appetiti delle cosche, consentendo loro di stringere più forti legami con il territorio e, in particolare, con l'imprenditoria locale cui impone, in alcuni casi, il "pizzo" sotto forma di sponsor della squadra locale di calcio o altre forme di sostegno finanziario non volontarie».[1]

Allo stadio, sulle tribune, si ritrovano tutte le fasce sociali. Per un boss investire nel calcio significa acquisire popolarità, visibilità, stringere mani, sedersi accanto ai maggiorenti di un paese, dimostrare tutta la propria forza. È un investimento notevole, sul piano del marketing, della demarginalizzazione del fenomeno criminale.

Pur essendo un mondo in sofferenza economica, il calcio è estremamente popolare. Ha bisogno di investimenti. Da tempo le mafie si sono accorte delle potenzialità di questo sport. E non mancano di sfruttarle. Si tratta di una realtà inquietante, con più di trenta clan direttamente coinvolti o contigui al potere della criminalità organizzata, come dimostrano decine di inchieste giudiziarie. In questo vermicaio c'è di tutto: oltre al riciclaggio di soldi, spesso condotto attraverso il sistema delle sponsorizzazioni, ci sono partite truccate, scommesse clandestine, presidenti prestanome, e ultrà che gestiscono attività illecite. Nel 2014, a Milano, la cosca Libri-De Stefano-Tegano ha tentato di far fuori la società che per conto del Milan gestisce la ristorazione allo stadio. L'azienda sana doveva essere screditata dall'indagine di un carabiniere infedele.[2] A Torino, dopo il suicidio di un capo ultrà della Juventus, si è scoperto che una famiglia di 'ndrangheta era riuscita a ottenere facilmente biglietti omaggio per assistere alle partite della formazione bianconera e per operazioni di bagarinaggio.[3]

Riciclaggio di denaro

Anche il riciclaggio di denaro segue il trend della globalizzazione. Da un'inchiesta coordinata dalla Direzione distrettuale antimafia di Reggio Calabria sono emerse le responsabilità di Mario Gennaro, un esponente del clan Tegano, cresciuto nel quartiere Archi, capace di trasformare il mondo del gambling in una gigantesca lavatrice. Dopo l'arresto, ha raccontato ai magistrati che l'espansione delle sue imprese sul mercato è stata garantita dalla sponsorizzazione della 'ndrangheta, dalla qualità del suo prodotto e dalle sue capacità relazionali. Aveva società a Malta, dove viene arrestato, e investiva in Romania, Austria, Spagna e Serbia. L'incidenza del volume dei giochi online gestito dalla 'ndrangheta rappresenta il 10 per cento del Pil calabrese, dichiara il capo della Dia di Reggio, Gaetano Scillia, commentando gli arresti, tra cui quello di Gennaro, compiuti durante l'operazione «Gambling» nel luglio 2015. Dalle carte della Direzione distrettuale antimafia di Reggio Calabria emerge «una 'ndrangheta unitariamente intesa, immortalata in una strategia operativa di stampo aziendalistico tutta nuova, protesa, attraverso una progressiva opera di "normalizzazione" e di legalizzazione del proprio operato, alla massimizzazione dei profitti». Una 'ndrangheta «fluida e camaleontica», in grado di «adeguarsi e adattarsi alle moderne esigenze del mercato, cambiando pelle, mutando forma, così infiltrandosi, insinuandosi nelle realtà prese di mira, mimetizzandosi con l'ambiente, senza clamore, né alterare gli equilibri endogeni, evitando di dare nell'occhio, riuscendo ad inserirsi perfettamente negli ingranaggi, per assumerne il controllo e agire indisturbata dall'interno, in modo da conseguire sempre maggiori profitti e occasioni illecite di guadagno».[4]

Dall'ordinanza di custodia cautelare emerge il sistema adottato dalle cosche reggine che, attraverso la società Betuniq di Gennaro, sono riuscite a gestire il business delle scommesse online. E se nel popolare quartiere di Reggio Calabria, Gennaro «andava a rubare i motorini perché non aveva i soldi per comprarsi le calze» come ricorda Francesco Ripepi, alias «Ciccio Tizmor», suo storico collaboratore, a La Valletta «il garzone dei Tegano si è ripulito, ha fatto il salto di qualità che gli ha consentito di movimentare denaro per diversi milioni di euro al mese».[5]

Il giudice per le indagini preliminari Caterina Catalano mette in rilievo anche «l'evolversi magmatico» di questo fenomeno di infiltrazione e controllo della 'ndrangheta nel settore dei giochi online. Scrive: «Essa vi si è infiltrata [...] operando e agendo, per il tramite dei suoi esponenti, a tratti in modo apparentemente lecito, secondo le logiche imprenditoriali di massimizzazione del profitto tipiche delle multinazionali del settore». E spiega: «Non si registrano fatti di violenza plateale, omicidi, estorsioni, rapine: non si uccide, non si spara; quantomeno nelle apparenti intenzioni dei protagonisti [...] il ricorso al metodo mafioso è riservato a situazioni eccezionali; l'intimidazione è strisciante, sottile, subdola, è contenuta al minimo indispensabile; si limita al più al dichiarare l'appartenenza a blasonati casati di 'ndrangheta per incutere nel destinatario quel minimo di *metus* necessario e sufficiente ad imporre la diffusione dei brand la cui commercializzazione interessa l'associazione. Del resto, i rampolli della 'ndrangheta non aspirano più a vivere come i loro nonni, isolati in casolari abbandonati dell'entroterra aspromontano, coltivando cicoria, con la coppola in testa e la lupara sotto il braccio: studiano in prestigiose scuole ed università delle grandi città, conoscono le lingue, usano gli strumenti informatici con estrema competenza, frequentano sin da bambini gli ambienti "bene" della buona borghesia, conseguono ambiti di studio e posti di comando, intrecciano legami con la massoneria deviata, sanno di poter contare su intere schiere di professionisti a loro disposizione (politci, medici, avvocati, magistrati, commercialisti, funzionari pubblici, imprenditori)».

L'analisi di Catalano è lucidissima: «Un tempo difatti era la 'ndrangheta che si proponeva, o meglio si imponeva, facendosi avanti, ora per battere cassa, ora per esigere e pretendere, a colpi di sequestri di persona e omicidi, occasioni di arricchimento, protezione e riconoscimento di privilegi da parte dei potenti e dei professionisti di turno, i quali, loro malgrado erano costretti a subire, anche a cagione di uno Stato troppo spesso impotente e/o vulnerabile. Oggi si assiste al fenomeno contrario: è la società – il professionista, il politico, il disoccupato di turno – che ha bisogno della 'ndrangheta, cercandola e scendendo a patti con i suoi esponenti, offrendo in cambio ciò che possiede – prestazioni professionali, informazioni riservate, posti di comando, appalti, voti, libertà –, per la sua ormai disvelata capacità di aprire porte (quelle della politica, della sanità, del credito, dell'imprenditoria, delle istituzioni) altrimenti troppo spesso sbarrate. Gli 'ndranghetisti oggi si siedono al tavolo delle decisioni, prendono parte attiva alla spartizione della torta, sono interlocutori legittimati: non c'è più bisogno di sparare, di uccidere, di estorcere denaro. I tempi sono cambiati. La società – che per calcolo, comodità, ricatto, interesse, ignoranza, debolezza istituzionale si è fatta infiltrare – la eleva a sua interlocutrice privilegiata, offrendole la possibilità di curare da vicino e direttamente i suoi interessi. È un tragico patto di mutuo soccorso».[6]

Prima di Gennaro, a Reggio Calabria il re dei videopoker era Michelangelo Campolo, un vero e proprio monopolista «protetto» dai clan più importanti della città, dai Libri-Zindato ai De Stefano. Manometteva le macchine da gioco, evadeva sia il fisco che il prelievo erariale e accumulava «ingenti somme di denaro in nero, poi investite per acquistare – oltre che preziose opere d'arte (di notevole pregio, quali quadri di Guttuso, De Chirico, Picasso e Ligabue) – anche una impressionante quantità di beni immobili» a Reggio Calabria, Roma, Milano e Parigi, che intestava a se stesso o a componenti della sua famiglia.[7]

«Senza amicizie in certi settori 'ndranghetistici» spiega anni dopo al processo Paolo Iannò, ex capo locale di Gallico, oggi collaboratore di giustizia, «Campolo non si sarebbe arricchito così tanto.» Poi precisa: «Ma non è un caso unico. Molti dei grossi imprenditori si trovano nella stessa situazione e sono costretti a scendere a patti con la 'ndrangheta».

In altri casi, il riciclaggio di denaro è passato attraverso rivendite del Lotto e agenzie di scommesse, tramite l'acquisto con un sovrapprezzo di biglietti vincenti (Lotto, Superenalotto, Gratta e Vinci). In sostanza, per riciclare denaro sporco alcuni clan della 'ndrangheta hanno acquistato dal reale vincitore del Superenalotto le schede vincenti, facendosi poi accreditare le vincite dalla Sisal di Milano su conti correnti accesi appositamente per sottrarsi al rischio di segnalazioni di operazioni sospette.

Il gioco d'azzardo, e in particolare le slot-machine presenti nei bar, ormai rappresentano una voce importante nel bilancio delle mafie con clan che gestiscono migliaia di macchinette mangiasoldi. Con un'indagine coordinata dalla Direzione distrettuale antimafia di Roma si scopre un giro di scommesse che frutta cinquantamila euro ogni mezz'ora grazie al controllo di dodicimila tavoli da gioco virtuali, i cosiddetti videolottery e giochi online. «Rende più della droga» dice un indagato intercettato. E si rischia molto meno che con il traffico di stupefacenti. A gestirlo erano esponenti della camorra, della 'ndrangheta e della mala romana.

A spiegare i meccanismi dell'organizzazione, che aveva una struttura piramidale, è Antonio Leonardi, ex camorrista: «Dovevamo fare internet puro, il singolo giocatore, senza agenzie, si doveva collegare al sito internet e aveva un conto singolo su cui operare. Ciò permetteva di fare il gioco, legalmente, al di fuori dell'interesse statuale. Le tasse si sarebbero pagate in Inghilterra». E ancora: «Basta un computer, una stampante e una password per accedere al programma. Ad ogni esercente si attribuisce un conto e le coordinate delle giocate, per le piccole si prende tutto, per le grosse il gestore deve avere l'approvazione della giocata dal commerciale. I contatti avvengono via Skype, non per telefono perché è tutto illegale e serve cautela per paura di controlli».[8] La struttura è piramidale: al vertice ci sono i titolari della licenza, poi vengono i concessionari cui viene consegnato il programma per gestire le scommesse o le varie giocate. Poi a un livello più basso ci sono i commerciali che gestiscono i rapporti con gli agenti e i noleggiatori.

I commerciali sono persone di fiducia dei concessionari, mentre gli agenti sono procacciatori di affari. I giochi più diffusi sono quelli nel settore del poker e delle scommesse sportive. Spiega ai magistrati Salvatore Venosa: «In queste macchinette sono state inserite delle schede truccate che compravamo già modificate da una ditta di Reggio Calabria che aveva il cosiddetto brevetto: erano truccate nel senso che non facevano apparire le vincite che venivano caricate "in nero", a spese del giocatore e del gestore dell'esercizio commerciale, nonché dello Stato perché le macchinette sono sempre collegate con la linea telematica per consentire gli introiti allo Stato».[9]

L'uso di internet è, insomma, diventato pane quotidiano. Ci sono 'ndranghetisti che sfruttano le nuove tecnologie e i vantaggi della globalizzazione: comunicano attraverso i social network, con codici cifrati, e su altre piattaforme, come il *deep web*, un internet più grande rispetto a quello più conosciuto del www, ma non indicizzabile con i tradizionali motori di ricerca. È un internet che Google non trova, come spiega Fabio Sanvitale: «All'inizio nacque come idea dei soliti militari americani: era il 1996. Oggi è per tutti; anzi, il numero di utenti ha avuto un'impennata dopo il caso Snowden.[10] [...] Il flusso di dati [...] non è diretto, ma viene filtrato attraverso *nodi di rete* che creano una connessione crittografata a strati. Ogni nodo spedisce i dati al successivo in maniera randomica. Solo l'ultimo sa leggere tutto».[11]

Il principio è semplice: si naviga con un IP anonimo, senza lasciare tracce né impronte di alcun genere. La caratteristica principale del *deep web* è l'assoluta riservatezza. Si tratta di reti nascoste, conosciute come *darknet*. La più nota è TOR (The Onion Router), a cui si accede tramite l'omonimo browser e dove i nomi di dominio terminano con l'estensione .onion. Tra i Paesi che frequentano questa nuova frontiera l'Italia è sesta.

Quello del *deep web* è uno dei tanti settori nel mondo delle comunicazioni digitali che la 'ndrangheta ha cominciato a esplorare. Le evidenze investigative rimandano a forme di aggregazione e collaborazione sempre più strutturate tra le diverse organizzazioni mafiose, specie nei casi di attività avviate fuori dalle storiche aree di insediamento. Scrive la Direzione investigativa antimafia nella seconda relazione semestrale del 2015: «Proprio il web e i canali di comunicazione non convenzionali, anche tramite apparati satellitari, meritano una riflessione a sé stante perché, oltre che per la pianificazione e realizzazione di traffici illeciti transnazionali, potrebbero rappresentare lo strumento relazionale chiave tra diverse organizzazioni criminali, anche di matrice straniera, operanti su contesti territoriali diversi».[12] La sfida continua.

Conclusioni

E allora? Stupisce che ancora qualcuno si stupisca. La 'ndrangheta è stata lungamente sottovalutata. Solo nel 2010 viene citata, al pari di Cosa nostra e camorra, nell'articolo 416 bis del codice penale e solo nel 2016 la Cassazione ne riconosce l'unitarietà. Il dato più preoccupante, però, riguarda il livello di accettazione sociale raggiunto da questa organizzazione che, da tempo, dimostra di essere solida come il controllo che esercita sul territorio e fluida come gli affari che gestisce. L'accettazione sociale è una linfa che accresce la forza economica, il prestigio, il tessuto d'omertà e, conseguentemente, il potere della 'ndrangheta, un'organizzazione che da oltre un secolo e mezzo si nutre di silenzi, omissioni, contatti e relazioni.

Il «tragico patto di mutuo soccorso» evidenziato dal gip Catalano conferma l'importanza delle relazioni esterne, cioè delle innumerevoli figure professionali, imprenditoriali, politiche e istituzionali che mettono a disposizione dei boss conoscenze, competenze, ambiti e interrelazioni. Non c'è 'ndrangheta senza concorso esterno. Eppure questo «combinato disposto», rappresentato dalla sommatoria della norma sul concorso di persone (articolo 110 del codice penale) con le fattispecie specifiche di associazione per delinquere semplice e di stampo mafioso (articolo 416 e 416 bis del codice penale), continua a far discutere. Per alcuni giuristi è fondamentale per colpire le relazioni esterne delle associazioni mafiose; per altri è soltanto una scorciatoia illegale per punire individui dei quali non è possibile provare l'associazione semplice o di stampo mafioso.

Chiosa Luca D'Auria, avvocato penalista e docente di diritto all'Università San Raffaele, nel suo blog su «Il Fatto Quotidiano»: «In qualsiasi manuale di diritto penale, per spiegare il concorso di reato viene detto che è la somma del citato articolo 110 del codice penale con la norma che punisce il reato. In questo modo la punibilità viene allargata da chi materialmente pone in essere la condotta vietata (ad esempio chi spara e uccide) a chi, volendo il reato, pone in essere condotte diverse ma ugualmente connesse col reato (ad esempio compra la pistola e la offre al killer o, nel caso di concorso morale, suggerisce la vittima). Ebbene, la costruzione del concorso esterno è la medesima (110 più 416 o 416bis). È dunque illegittima solamente perché prevede la partecipazione a un reato necessariamente "di gruppo"? E ancora: si invoca la necessità di una norma specifica. Ma perché sarebbe necessaria per il concorso nel reato associativo quando non è necessaria per tutti gli altri reati? Il dubbio sulla materia allora si sposta su di un piano più linguistico che giuridico: credo che ciò che andrebbe abbattuto è il termine "esterno" che, realmente, mette gran confusione, sia perché rischia di ampliare troppo l'area del punibile, sia perché fa pensare a un reato nuovo e diverso. La giurisprudenza dovrebbe, forse, ammettere che il concorso esterno è una "perversione" intellettuale proprio nella sua definizione di "esternalità" e tornare alla possibilità che siano punibili determinate condotte agevolatrici dell'associazione criminale qualora siano realmente utili e volontariamente poste in essere da colui che le agisce».[1]

Per capire l'importanza delle relazioni esterne o delle «condotte agevolatrici», bisognerebbe tenere conto della capacità della 'ndrangheta di fare sistema e di entrare nei circuiti legali dell'economia, andando «a relazionarsi con ambienti più elevati di tipo politico e istituzionale».[2] A nord come a sud, senza differenza.

Chi era convinto che il Mezzogiorno fosse l'unico habitat funzionale alle mafie è stato costretto a ricredersi. Le regioni del Nord, soprattutto quelle più ricche, da tempo garantiscono sponde funzionali al riciclaggio e all'investimento dei capitali mafiosi, proprio in virtù delle relazioni che i boss intrecciano con individui estranei all'organizzazione. I tentacoli della 'ndrangheta non conoscono limiti. Spaziano dappertutto e le ragioni sono quasi sempre riconducibili al «capitale sociale», a quella 'ndrangheta sempre «più camuffabile» – come la definisce il collaboratore di giustizia Roberto Moio – che raccoglie, avvicina e accomuna persone influenti, ovvero imprenditori, professionisti e politici; e che non conosce mezze misure. È una 'ndrangheta che preferisce sempre più «l'arrosto», ma «non il fumo», come ammette il boss Gianni Ficara durante una conversazione intercettata dagli inquirenti, perché «il fumo se lo porta via il vento». E di arrosto la 'ndrangheta ne ha a dismisura. Secondo un'indagine del 2014 condotta dall'istituto Demoskopika, il fatturato prodotto sarebbe pari a quelli di Deutsche Bank e McDonald's sommati, vale a dire 53 miliardi di euro l'anno, l'equivalente del 3,5 per cento del Pil italiano del 2013. Spiega Raffaele Rio, economista e autore dello studio:[3]

> La 'ndrangheta è percepita come una componente «normale» dal mondo produttivo. Si arriva a una situazione paradossale per cui l'insieme delle attività vessatorie nei confronti delle aziende, dal racket all'usura, dagli incendi dolosi alle rapine, fino ai meccanismi più sofisticati di infiltrazione nel mercato, sembrano ormai costituire un sottofondo latente, uno scenario inevitabile delle loro attività. In questo quadro la criminalità organizzata calabrese rappresenta un evidente ostacolo che grava pesantemente sullo sviluppo del territorio. Dal punto di vista economico scoraggia la libe-

ra iniziativa, altera il mercato e i meccanismi della concorrenza, crea monopoli basati sull'intimidazione e l'interesse privato; dissemina paura, determina sprechi e inefficienze. Sul versante sociale genera il consenso di pochi e l'acquiescenza di molti che, per quieto vivere, per interesse o per paura, preferiscono far finta di non vedere e perfino sottostare alle richieste dei criminali, piuttosto che denunciare e schierarsi apertamente contro di essi. Queste trasformazioni finiscono per avvicinare alla criminalità organizzata strati sempre più ampi di popolazione che, pur non appartenendo alle famiglie mafiose e non volendo condividere nulla degli affari dei boss, sono in qualche modo condizionati da una presenza che trae la sua forza dalla capacità di esercitare un capillare controllo del territorio.

Il collaboratore di giustizia Antonino Fiume ha raccontato ai magistrati che in tutta la provincia di Reggio Calabria gli imprenditori pagano una «tassa» del 5 per cento su ogni appalto o subappalto. «È una regola nota agli imprenditori, i quali automaticamente si rivolgono agli interlocutori interessati e si "tolgono il cappello" nei confronti di chi comanda, così evitando a monte richieste estorsive e l'insorgere di eventuali contrasti nella riscossione e nella ripartizione.»[4]

Più che liquida, come spesso viene definita, la 'ndrangheta è una mafia che continua ad avere una forte dimensione territoriale, caratterizzata dalla compattezza dei legami interni e dall'efficacia delle relazioni esterne. «Basterebbe fare un clic sul computer per sapere chi sono i Bellocco» si vanta uno dei rampolli dell'omonima famiglia con sede a Rosarno e solide ramificazioni anche al Nord.[5] Quasi si compiacciono. Giovanni Tegano, un boss di Reggio Calabria, subito dopo l'arresto – all'uscita dalla questura, diretto in carcere – è stato salutato con grandi applausi e addirittura osannato come «uomo di pace».

Chi conosce questa gente o ne ha sentito parlare non la evita. Certi personaggi non suscitano repulsione, né disapprovazione. A Torino come a Reggio Calabria. Per timore, quieto vivere, convenienza o connivenza vengono accolti dappertutto. Dopo avere condizionato per decenni il voto in Calabria, la 'ndrangheta è in grado di influenzare anche le scelte politico-amministrative di tanti comuni del Centronord, come dimostrano i consigli comunali sciolti per infiltrazioni mafiose in Piemonte, Liguria, Lombardia, Lazio ed Emilia Romagna dal 1995 a oggi.

Sono cambiati i tempi, ma non la forza pervasiva della 'ndrangheta, passata indenne dai regimi borbonico, liberale, fascista e repubblicano. Le alleanze tattiche sono diventate strategiche e continuano a rispondere a criteri di reciproca utilità. Ieri come oggi.

Nonostante tutto questo, però, la lotta alle mafie continua a non essere una priorità nei programmi di governo: tante promesse, ma pochi fatti.

Ogni anno, per esempio, nelle varie commemorazioni, il nome più evocato è quello di Giovanni Falcone, il magistrato assassinato insieme alla moglie e alla scorta nel 1992. Falcone diceva che le mafie sono fenomeni criminali del tutto reversibili, a patto che ci sia la volontà politica di combatterle. Questa volontà in Italia, purtroppo, non c'è mai stata. Mentre le mafie continuano ad allearsi con chiunque sia disposto al compromesso, lo Stato continua a dimostrarsi debole, permettendo alle mafie di esistere. Succede dalla prima metà dell'Ottocento.

Molte proposte di riforma continuano a rimanere ferme in Parlamento, accumulando polvere. Nessuno più parla della necessità di informatizzare i processi e rivedere i criteri della prescrizione che quei processi li divorano. Le priorità sono altre. A parole tutti concordano sull'urgenza di recidere i legami delle mafie con il potere politico ed economico. Poi nei fatti, politici, imprenditori, professionisti continuano a essere considerati semplici fiancheggiatori, anziché parti integranti del sistema mafioso. Un sistema che si potrebbe sintetizzare con una semplice formula chimica, quella dell'acqua, composta da due atomi di idrogeno e uno di ossigeno. Nel caso delle mafie, l'idrogeno rappresenta la componente violenta, mentre l'ossigeno delinea il rapporto con chi dall'esterno rafforza il potere mafioso. Le mafie senza relazioni esterne non potrebbero respirare e morirebbero d'asfissia.

Anche per Graziella Durante il legame tra corruzione e mafie è il cuore del sistema-Paese. «Finché si tratta di contare i killer o i picciotti arrestati, il plauso sociale è forte» scrive. «Ma quando si comincia a entrare nell'area grigia delle collusioni, dei favori, dello scambio forzoso o interessato tra mondo criminale e mondo "normale", il giudizio si complica, diventa terreno di polemiche e persino di critiche feroci all'apparato repressivo. Magistrati in testa.» Secondo la Durante:[6]

> [...] esiste un intreccio profondo tra l'espansione del fenomeno mafioso e la corruzione. Corruzione in senso lato, che vede stravolte le regole del mercato, compromessa la selezione delle classi dirigenti, deviati i flussi di denaro pubblico, rese le «amicizie» vincenti sulle competenze. In questo habitat paludoso, senza trasparenza né vincoli legali, prospera la mafia con i suoi interessi depauperanti per antonomasia, poiché incamera il grosso del denaro sottratto alla collettività, distribuendone una piccola parte a professionisti, imprenditori, politici, funzionari pubblici infedeli che tali proventi rendono possibili, camuffano, fanno circolare in sicurezza: l'area grigia. E sarà difficile ai magistrati, codice penale alla mano, dimostrare che il commercialista sapeva, l'imprenditore colludeva, l'avvocato favoriva, il sindaco è tale grazie all'influenza del boss locale. Le analisi più avanzate hanno ricostruito network di contropotere in cui le armi poco contano, tanto che se il boss finisce in galera la rete non smette di operare, perché ormai dotata di vita propria, con un funzionamento socialmente accettato e al quale appare conveniente essere inclusi per avere successo o anche solo lavorare. E i costi? I costi sono nascosti nella bassa qualità di infrastrutture, nel denaro pubblico ne-

cessario a ripulire i rifiuti mal sversati, nel mercato del falso, la fuga degli imprenditori seri, quella dei giovani talenti che devono cedere il passo ai beni ammanicati. Una congerie di elementi che, alle aree dominate o contaminate dalla mafia, costano percentuali di Pil di svantaggio sul resto del Paese. E al Paese, ancora privo di una legge che colpisce le nuove forme di corruzione, un ritardo avvilente sul resto dell'Europa e del mondo.

Il configurarsi delle mafie come potere sociale e politico, il godere di tolleranza e complicità rappresentano, oggi, i veri rischi per la nostra democrazia. La corruzione, di per sé gravissima, purtroppo, continua a creare l'*humus* ideale per l'espansione delle mafie. Scrive la Direzione investigativa antimafia: «La corruzione diventa essa stessa reato spia di un meccanismo perverso, la cui unica finalità è quella di infiltrare e condizionare i processi della Pubblica Amministrazione. Diverse operazioni di polizia confermano, infatti, [...] come la corruzione sia stata funzionale al perseguimento di affari illeciti di ampia portata, quali il riciclaggio di denaro, l'acquisizione illecita di finanziamento e l'accesso a notizie riservate utili per l'aggiudicazione delle gare di appalto».[7]

C'è una preoccupante correlazione tra criminalità, corruzione e distorsione dei processi democratici. La corruzione, da sempre, è contraria ai principi che guidano la democrazia. Quando le mafie si infiltrano nelle istituzioni o condizionano le scelte democratiche, indeboliscono lo Stato di diritto che si fonda sul rispetto delle leggi, ma anche sull'uguaglianza e sulla trasparenza. Le mafie restano tali anche quando non fanno uso della violenza, come ha fatto notare la Corte di cassazione, spiegando che il clima di assoggettamento e di omertà può scaturire anche dalla «fama criminale» consolidatasi nel tempo in forza di precedenti atti di violenza e sopraffazione.[8] In pratica le mafie sono pericolose anche quando non si fanno notare, in contesti in cui tutti conoscono tutti, dove certi confini sono sbiaditi, dove la relazione pericolosa a volte è anche spaventosa normalità, o assuefazione.

Oggi la corruzione influenza le regole del mercato e rappresenta uno degli ostacoli principali alla crescita economica, distorce la libera concorrenza, scoraggia gli investimenti, in particolare nel campo di infrastrutture, sanità e welfare, compromette il modello di sviluppo del territorio e impedisce l'evoluzione complessiva del sistema economico, come scrive Unioncamere nel rapporto su illegalità, economia e sicurezza del mercato in Calabria, presentato a Lamezia Terme nel luglio 2016. La stessa criminalità economica non viene affatto ostacolata dall'economia legale. Si assiste sempre più a pratiche mafiose applicate al mondo della finanza. L'aspetto predatorio è il modello che caratterizza l'economia globalizzata. Mentre lo Stato arranca e gli organici dei tribunali sono ridotti all'osso, la 'ndrangheta investe i profitti delle proprie attività criminose e al tempo stesso riesce a guadagnare consensi. La corruzione dilaga. Sempre più di rado si verifica un tradizionale passaggio di denaro. Oggi la tangente si paga in materiali e manodopera; il costruttore ristruttura la casa di chi lo dovrebbe controllare e invece magari lo agevola, dopodiché non si fa pagare il lavoro. Talvolta la tangente è mascherata dietro un contratto di consulenza per figli o nipoti del potente di turno.

Le mafie, e la 'ndrangheta in particolare, restano forti perché dispongono di riserve di liquidità utilissime per tenere in piedi l'economia nazionale. Ciò che emerge è una preoccupante concentrazione di poteri criminali che rischia di condizionare molti ambiti della vita sociale, politica e istituzionale. L'Italia dei faccendieri e delle lobby segrete si allarga come una metastasi, speculando anche sul dolore delle tragedie.

Dilagano gli squallori, i vizi, le volgarità di un sistema di potere nel quale la politica, l'imprenditoria, la mafia e la società civile sono unite dal sottile filo della corruzione, non solo economica, ma anche culturale. In un Paese dove la progressione per meriti sgomita senza successo, il modello che prevale è quello dei favori e delle clientele. Eppure niente di tutto ciò riesce a turbarci.

«C'è ancora tanto da fare per spezzare la forte commistione tra mafia, politica e affari» avvertiva nel 1993 il senatore Paolo Cabras nella sua relazione, dopo una visita in Calabria della Commissione parlamentare antimafia.[9] «La 'ndrangheta ha referenti in ogni ambiente sociale e copre gli ambiti professionali e istituzionali più vari.» Purtroppo da allora è cambiato poco, le stesse contaminazioni si sono registrate al Nord e anche fuori dai confini nazionali. Arranca anche l'azione di contrasto. Sequestri e confische, nonostante gli sforzi, segnano percentuali ridicole rispetto alla consistenza dei patrimoni illegali. Il rischio è quello della resa civile, una sorta di 8 settembre morale. «La paura» diceva Paolo Borsellino «è normale che ci sia, l'importante è che sia accompagnata dal coraggio. E il coraggio lo devono dare politica e istituzioni, con l'appoggio della società civile.» Chi lotta contro la mafia non può e non deve sentirsi solo. Torna in mente l'apologo di Italo Calvino sull'onestà nel paese dei corrotti.[10]

> C'era un paese che si reggeva sull'illecito. Non che mancassero le leggi, né che il sistema politico non fosse basato su principi che tutti più o meno dicevano di condividere. Ma questo sistema, articolato su un gran numero di centri di potere, aveva bisogno di mezzi finanziari smisurati [...] e questi mezzi si potevano avere solo illecitamente cioè chiedendoli a chi li aveva, in cambio di favori illeciti. Ossia, chi poteva dar soldi in cambio di favori in genere già aveva fatto questi soldi mediante favori ottenuti in precedenza; per cui ne risultava un sistema in qualche modo circolare e non privo d'una sua armonia. Nel finanziarsi per via illecita, ogni centro di potere non era sfiorato da alcun senso di colpa, perché per la propria morale interna ciò che era fatto nell'interesse del gruppo era lecito; anzi, benemerito: in

> quanto ogni gruppo identificava il proprio potere col bene comune; [...] Avrebbero potuto dunque dirsi unanimemente felici, gli abitanti di quel paese, non fosse stato per una pur sempre numerosa categoria di cittadini cui non si sapeva quale ruolo attribuire: gli onesti.

Fino a quando si continuerà a fingere di non vedere? E cosa deve succedere che non sia già successo per scuotere i Palazzi e mettere fine a questa lunga e pericolosa convivenza, che nel caso della 'ndrangheta risale al periodo compreso tra la fine del regime borbonico e l'inizio dello Stato liberale? I padrini sono anche padroni e molti, troppi continuano a girarsi dall'altra parte, avviluppati dall'indifferenza, la cui forza, come ricordava Cesare Pavese, «ha permesso alle pietre di durare immutate per milioni di anni».[11]

Note

Prologo

[1] Giacomo Leopardi, *Canti*, XXXII, *Palinodia al marchese Gino Capponi*, versi 19-20, in *Opere di Giacomo Leopardi, edizione accresciuta, ordinata e corretta secondo l'ultimo intendimento dell'autore da Antonio Ranieri*, Vol. I, Firenze, Successori Le Monnier, 1880, p. 147.

[2] Tribunale ordinario di Bologna, Sezione dei giudici per le indagini preliminari e l'udienza preliminare, Ordinanza di applicazione di misure cautelari coercitive, Procedimento penale n. 20604/10 R.N.R. DDA, n. 17375/11 R. GIP, 15 gennaio 2015.

[3] Dichiarazione del presidente della Repubblica in occasione della Giornata mondiale contro la corruzione, Roma, 9 dicembre 2015.

[4] Lirio Abate, *La mafia avanza a colpi di mazzette*, «L'Espresso», 26 marzo 2015. Cfr. http://espresso.repubblica.it/plus/articoli/2015/03/18/news/la-mafia-avanza-a-colpi-di-mazzette-1.204630, consultato il 10 marzo 2016.

[5] Stefania Parmeggiani, *De Cataldo: «C'era una volta Tangentopoli ma ora lo chiamano golpe»*, «la Repubblica», 17 ottobre 2015.

[6] Raffaele Cantone, *Il fenomeno della corruzione in Italia. Prima mappa dell'Alto commissario anticorruzione*, p. 122.

[7] Denise Pardo, *Corruzione senza vergogna*, «L'Espresso», 5 dicembre 2014. Cfr. http://espresso.repubblica.it/plus/articoli/2014/12/04/news/giovanni-maria-flick-corruzione-senza-vergogna-1.190790, consultato il 10 marzo 2016.

[8] Dichiarazione del procuratore nazionale antimafia in occasione della presentazione della relazione annuale della Direzione nazionale antimafia, Senato, 23 febbraio 2015.

[9] Paolo Berdini, *Città e territori come beni comuni. Nove proposte per salvare il Belpaese*, «Micromega», 26 ottobre 2011. Cfr. http://temi.repubblica.it/micromega-online/citta-e-territori-come-beni-comuni-nove-proposte-per-salvare-il-belpaese/?fb_ref=Default%2C%40Total, consultato il 10 marzo 2016.

I. *Da Reggio Calabria a Bardonecchia*

[1] Gian Antonio Stella, *I misteri di via dell'Amorino*, Milano, Rizzoli, 2012, pp. 105, 259-260, citato da Pietro Citati, *L'affare tabacchi, il primo scandalo*, «Corriere della Sera», 6 novembre 2012.

[2] Gian Antonio Stella, *I misteri di via dell'Amorino*, cit., p. 83.

[3] Vincenzo Padula, in un articolo pubblicato sul «Bruzio», giornale da lui stesso fondato a Cosenza nel 1864.

[4] «Gazzetta Piemontese», 27 giugno 1870, prima pagina. Archivio storico «La Stampa».

[5] Ferdinando Cordova, *Massoneria in Calabria (Personaggi e documenti, 1863-1950)*, Cosenza, Pellegrini Editore, 1998, p. 20.

[6] Francesco Melari, «Il ventre di Reggio. Osservazioni sull'igiene pubblica e proposte di risanamento della Città di Reggio Calabria», in *Lettere al Sindaco Marchese Genoese Zerbi*, Reggio Calabria, Tipografia Di Paolo Siclari,1885, p. 29.

[7] ASRC, Prefettura di Reggio Calabria, Gabinetto, Damanio Giovanni, De Stefano Francesco, Englen Enrico, Internazionalisti, 1880, inventario 34, busta 19. Il 21 maggio 1880, in una nota inviata da Filippo Landoni, prefetto di Reggio Calabria, al ministero dell'Interno, viene così descritto: «Francesco De Stefano abita alle Sbarre contrada Graziella, di anni 38, trafficante di buoi nelle fiere che poi rivende. La famiglia possiede circa 160.000 lire. Vive in illecita tresca colle sorelle Marianna ed Angela Papa, figlie di Antonino, abitanti strada Gabelle N. 66 a Reggio. Mantiene l'intera famiglia».

[8] Antonio Nicaso, *Alle origini della 'ndrangheta. La picciotteria*, Soveria Mannelli, Rubbettino Editore, 1990, p. 7.

[9] Cfr. John B. Trumper, Antonio Nicaso, Marta Maddalon, Nicola Gratteri, *Male Lingue. Vecchi e nuovi codici delle mafie*, Cosenza, Pellegrini Editore, 2014. Nelle carceri borboniche si crea una sorta di fratellanza criminale che condivide codici, regole e gerarchie. La «tirata» inizialmente usata nel napoletano viene introdotta anche in Calabria e utilizzata durante i riti di iniziazione, oltre che per dirimere contrasti.

[10] Archivio di Stato di Reggio Calabria, Gabinetto di prefettura, inventario 34, busta 44, fascicolo 351. Cfr. Antonio Nicaso, *Alle origini della 'ndrangheta...*, cit., p. 7.

[11] ASRC, inventario 68, Corte d'assise di Reggio Calabria, Serie Processi, busta 142, fascicolo 1.

[12] ASRC, Corte d'assise di Reggio Calabria, Serie Processi, busta 141, fascicolo 2.

[13] *Ibidem*.

[14] «Il Martello, giornale umoristico di colore rosso», anno I, n. 4, 29 luglio 1869.

[15] «L'Artigiano», Giornale della Società Artistica Operaia di Reggio Calabria, anno I, n. 16, 29 luglio 1869.

[16] *La camorra a Napoli*, «Corriere della Sera», 17 agosto 1877.

[17] *La camorra a Napoli*, «Corriere della Sera», 26 agosto 1877.

[18] Corrado Alvaro, *La fibbia*, «Corriere della Sera», 17 settembre 1955, p. 3.

[19] Vittorio Cappelli, «Politica e politici», in *Storia d'Italia. Le regioni dall'U-*

nità a oggi. La Calabria. A cura di Piero Bevilacqua e Augusto Placanica. Torino, Giulio Einaudi Editore, 1985, p. 505.

[20] Antonella Coco, *La distanza sociale. Reggio Calabria: le condizioni sociali in una città del Sud*, Milano, Franco Angeli, 2011, p. 19.

[21] *La Questione sociale in Italia*, «Il Piccolo», ripreso dal «Corriere della Sera», 18 settembre 1878.

[22] Viene abbassata anche l'età degli elettori (da 25 a 21 anni) e sostituito quasi per intero il requisito del censo: l'unica condizione necessaria per poter votare è quella di saper leggere e scrivere.

[23] Pietro Borzumati, *La Calabria nei rapporti dei prefetti*, Reggio Calabria, Editori Medidionali Riuniti, 1974, pp. 87 e segg.

[24] «La Patria», 5 giugno 1886.

[25] Pasquino Crupi, *L'anomalia selvaggia. Camorra, mafia, picciotteria e 'ndrangheta nella letteratura calabrese del Novecento*, Palermo, Sellerio, 1992, p. 28.

[26] Antonio Nicaso, *Alle origini della 'ndrangheta...*, cit., pp. 9-10.

[27] «Il Calopinace», 30 maggio 1886.

[28] Francesca Canino, *150 anni di giornalismo in Calabria*, 28 marzo 2012. Cfr. http://www.francoabruzzo.it/document.asp?DID=8732, consultato il 7 gennaio 2016.

[29] *Ragù americano. Gli italiani*, «Corriere della Sera», 16-17 febbraio 1882.

[30] Antonio Margariti, *America! America!*, Casal Velino, Galzerano Editore, 1979, p. 99.

[31] Vittorio Cappelli, «Politica e politici», in *Storia d'Italia...*, cit., p. 513.

[32] Sharo Gambino, *La mafia in Calabria*, Reggio Calabria, Edizioni Parallelo 38, 1975, pp. 101-102.

[33] *Idem*, pp. 110-111.

[34] Gaetano Salvemini, *Il ministro della malavita e altri scritti sull'Italia giolittiana*, a cura di Elio Apih, Milano, Feltrinelli, 1962, p. 137.

[35] Vittorio Cappelli, «Politica e politici», in *Storia d'Italia...*, cit., p. 528.

[36] *Ibidem*.

[37] ASCZ, Corte d'appello delle Calabrie, Mandarano Vincenzo + 26, 5 luglio 1900.

[38] Gaetano Cingari, *Brigantaggio, proprietari e contadini nel Sud (1799-1900)*, Reggio Calabria, Editori Meridionali Riuniti, 1976, pp. 224-232; ASCZ, Zucchi Vincenzo + 2, vol. 349, 17 novembre 1894.

[39] *Il fermento minaccioso a Gerace Marina*, «Corriere della Sera», 10 agosto 1910, p. 3

[40] Enrico Morselli e Santo De Sanctis, *Biografia di un bandito. Giuseppe Musolino di fronte alla psichiatria e alla sociologia*, Milano, Treves, 1903, p. 181.

[41] Nel 1927, poco prima di morire per una forma avanzata di tubercolosi polmonare, Domenico Doldo, detto «Cucchiarone», consegna al maresciallo Angelo Petrosillo un quaderno contenente le regole, il codice, ma soprattutto un glossario, in cui compare la parola «dranghita», un termine utilizzato per denominare l'organizzazione criminale di cui lo stesso Doldo fa parte. Cfr. Nicola Gratteri e Antonio Nicaso, *Dire e non dire. I dieci comandamenti della 'ndrangheta nelle parole degli affiliati*, Milano, Mondadori, 2012, p. 15.

Ma anche John B. Trumper, Antonio Nicaso, Marta Maddalon, Nicola Gratteri, *Male Lingue*... cit., p. 43.

[42] *Sottrazione di documenti al tribunale di Reggio Calabria*, «Corriere della Sera», 15 gennaio 1906.

[43] Lorenzo Ernesto Repollini, *La giustizia in Calabria nell'anno 1905*, Catanzaro, Stabilimento Tipografico G. Silipo e C., 1906, p. 34.

[44] Massimo Novelli, *«Don Ciccio» e i 30 anni di mafia nella Val Susa. Dal Frejus a Campo Smith l'ombra lunga di «Don Ciccio»*, «la Repubblica», 7 novembre 2006. Cfr. http://ricerca.repubblica.it/repubblica/archivio/repubblica/2006/11/07/don-ciccio-30-anni-di-mafia-nella.html, consultato il 4 gennaio 2016.

[45] Federico Varese, *Mafie in movimento*, Torino, Einaudi, 2011, p. 68.

[46] Relazione sul sopralluogo a Torino e Bardonecchia del comitato incaricato di seguire la dinamica della mafia nei giorni 10 e 11 dicembre 1973. Processi verbali delle sedute tenute dalla Commissione parlamentare d'inchiesta sul fenomeno della mafia in Sicilia nel corso della VI legislatura. pp. 1021-124.

[47] Federico Varese, *Mafie in movimento*, cit., p. 62.

[48] *Idem*, p. 67.

[49] Lorenza Pleuteri, *Muore dopo l'arresto il boss Lo Presti*, «la Repubblica», 24 gennaio 2009.

[50] Federico Varese, *Mafie in movimento*, cit., pp. 69-70

[51] Dario Del Porto e Conchita Sannino, *L'allarme della Dia: «Appalti e riciclaggio, l'economia d'Italia condizionata dalle mafie»*, «la Repubblica», 2 febbraio 2016. Cfr. http://www.repubblica.it/cronaca/2016/02/02/news/l_allarme_della_dia_appalti_e_riciclaggio_l_economia_d_italia_condizionata_dalle_mafie_-132521333/?ref=HREC1-14, consultato il 2 febbraio 2016.

[52] *Ibidem.*

II. *Il terremoto del 1908*

[1] Vittorio Cappelli, *Emigranti, moschetti e podestà*, Castrovillari, Il Coscile, 1995, pp. 92-93.

[2] *Idem*, p. 530.

[3] *Ibidem.*

[4] Matteo Collura, *Eventi. I raccolti dell'Italia del Novecento*, Milano, Tea, 2001 (edizione su licenza Longanesi, 1999), pp. 40-41.

[5] ASRC, Tribunale penale di Reggio Calabria, Serie Processi, inventario 68, busta 1012, fascicolo 12.145. «Tutti i camorristi che si trovavamo nella società di Reggio nessuno sapevamo che in America non camminano i camuffi [i fazzoletti che i picciotti portavano rigirati con molta cura attorno al collo] e le reclute, io solo vi dico che quando sono venuti i Palmisani hanno portato questa disposizione che i camuffi non camminano in America. [...] ma lo dicono loro, ma gli altri camuffi che furono in America e che si trovano in questa stanza non lo dicono.»

[6] Rossana Sicilia, *Le famiglie di 'ndrangheta*. Cfr. http://www.lacropoli.it/articolo.php?nid=237, consultato il 24 maggio 2016.

[7] *Ibidem.*

[8] Vittorio Cappelli, «Politica e politici...», in *Storia d'Italia...*, cit.

[9] Archivio di Stato di Reggio Calabria, inventario 23/1, busta 125, anno 1908.

[10] Gaetano Cingari, *Brigantaggio, proprietari e contadini...*, cit., p. 231.

[11] *Idem*, pp. 225-226.

[12] Saverio Montalto, *La famiglia Montalbano*, edizione curata da Mario Gatto, Cosenza, Periferia, 2005, p. 45.

[13] Gaetano Cingari, *Reggio Calabria*, Roma-Bari, Laterza, 1988, p. 193.

[14] *Idem*, p. 233.

[15] ACS, MI, DGPS, DPGS, 1922-24. Condizioni della Pubblica sicurezza nella provincia di Reggio Calabria, 3 ottobre1923.

[16] Leonida Repaci, *Racconti calabresi*, Soveria Mannelli, Rubbettino Editore, 2002, p. 137.

[17] *Una selvaggia caccia all'uomo*, «Corriere della Sera», 28 luglio 1923, p. 5. Diversa la versione tramandata oralmente che, invece, attribuisce la morte di Scidone ai due fratelli Alfonsetti, decisi a vendicarsi del pestaggio subito dal padre che si era rifiutato di versare al boss una parte del denaro ricavato dalla vendita di una palamita pescata nel Tirreno. A Palmi c'è ancora chi ricorda come Scidone abbia fatto la fine del pescecane, ucciso a colpi di fiocina.

[18] Armando Dito, *Reggio fascista*, Reggio Calabria, Stabilimento Tipografico La voce di Calabria, 1978, p. 46.

[19] ASRC, Tribunale penale di Reggio Calabria, Serie Processi, busta 1268, fascicolo 24.053.

[20] Archivio Vincenzo Misefari, busta 339, fascicolo 2.

[21] *Ibidem.*

[22] Archivio di Stato di Reggio Calabria, Tribunale penale di Reggio Calabria, procedimento a carico di Mafrica Paolo + 72, sentenza del 30 luglio 1914, Serie Processi, busta 1268, fascicolo 24.053.

[23] Fabio Truzzolillo, *La struttura unitaria e verticistica della 'ndrangheta delle origini. Differenza gerarchica tra «Criminale» e «Gran Criminale»*, in «Meridiana», *In nome del popolo sovrano*, n. 77, 2013, pp. 220-222.

[24] ACS, M.I., DGPS, Div. Polizia Giudiziaria, 1922-24, Condizioni pubblica Sicurezza in provincia di Reggio Calabria, busta 1520.

[25] Fabio Truzzolillo, *La struttura unitaria...*, cit.

[26] *Ibidem.*

[27] *Ibidem.*

[28] Molte delle informazioni su Campolo sono tratte da ACS, fascicolo Campolo Michelangelo, M.I., DGPS, Casellario politico centrale, busta 987.

[29] ACS, PNF, Situazione politica ed economica delle province, busta 17, Reggio Calabria.

[30] ASME, Assise RC, Assumma Domenico + 82, busta 447. Cfr. anche ASRC, inventario 68, Corte d'assise di Reggio Calabria, Serie Processi, busta 263, fascicolo 1. A esprimere parere favorevole alla «invocata riabilitazione» è anche il procuratore del Re che definisce il Campolo una persona che «appartiene a buona famiglia e trovasi in discrete condizioni economiche. Dopo l'ulti-

ma condanna riportata non ha dato luogo a lagnanze». Campolo ottiene la riabilitazione da parte della Corte d'appello di Catanzaro il 30 agosto 1920.

[31] Armando Dito, *Reggio fascista*, cit., p. 47.

[32] ASRC, Tribunale di Palmi, sentenza del 22 novembre 1923, n. 327 nel procedimento a carico di Carmelo Bruzzi + 68.

[33] ASRC, T ribunale di Palmi, sentenza del 24 gennaio 1925, n. 1.

[34] ASRC, Inventario 68, Tribunale penale di Reggio Calabria, Serie Processi, anno 1921, busta 23, fascicolo 403.

[35] Sharo Gambino, *La mafia in Calabria*, cit., pp. 105-106.

[36] Mario Casaburi, *Borghesia mafiosa. La 'ndrangheta dalle origini ai giorni nostri*, Bari, Edizioni Dedalo, 2010, p. 94.

[37] John B. Trumper, Antonio Nicaso, Marta Maddalon, Nicola Gratteri, *Male Lingue...*, cit., p. 47.

[38] Vittorio Cappelli, *Il fascismo in periferia. La Calabria durante il Ventennio*, Lungro di Cosenza, Costantino Marco Editore, 1998, p. 147.

[39] *I funerali di Reggio Calabria del carabiniere ucciso*, «Corriere della Sera», 10 dicembre 1930.

[40] Antonio Marzotti, «La mafia in Calabria, linee di evoluzione», in Saverio Di Bella (a cura di), *Mafia e potere: società civile, organizzazione mafiosa ed esercizio dei poteri nel Mezzogiorno contemporaneo*, Soveria Mannelli, Rubbettino Editore, 1981, vol. II.

[41] Mario La Cava, *I fatti di Casignana*, Torino, Einaudi, 1974.

[42] ACS, PNF, *Situazione politica ed economica delle province*, busta 17, Reggio Calabria.

III. *Il summit di Montalto*

[1] *La mafia a Montalto*, sentenza del 2 ottobre 1970 del tribunale di Locri (Guido Marino, presidente, Antonio Staltari e Luigi Cotrona giudici a latere), Reggio Calabria, Stabilimento Tipografico La Voce di Calabria, 1971, p. 27.

[2] *Ibidem*, p. 22.

[3] Procura della Repubblica presso il tribunale di Genova, Verbale di interrogatorio di Giovanni Gullà, 25 marzo 1994.

[4] Procura della Repubblica di Reggio Calabria, Direzione distrettuale antimafia, procedimento a carico di Condello Pasquale e altri. Parte VII, *La politica della 'ndrangheta (rapporti con eversione, massoneria, servizi e istituzioni)*.

[5] Molte delle informazioni sono tratte da *La mafia a Montalto*, cit.

[6] *Ibidem*.

[7] Tommaso Besozzi, *Quattro passi con la mafia*, «Corriere di Informazione», 7-8 settembre 1955.

[8] *Idem*, p. 126.

[9] *Idem*, p. 127.

[10] *Idem*, p. 95.

[11] *Idem*, p. 121.

[12] Tommaso Besozzi, *Perché si uccide in Calabria*, «Corriere di Informazione», 8-9 settembre 1955.

IV. *I De Stefano e la Santa: Massoneria e servizi deviati*

[1] Enzo Ciconte, *Processo alla 'ndrangheta*, Bari-Roma, Laterza, 1996, p. 46.

[2] *Dizionario universale ragionato della Giurisprudenza mercantile del Senatore D. A. Azuni. Quarta edizione nella quale è fusa la Nuova Giurisprudenza dell'avvocato Giuliano Ricci*, vedi voce «Carato», Livorno, Fratelli Vignozzi e Nipote, 1837.

[3] Memoriale manoscritto prodotto da Lauro Giacomo Ubaldo al sostituto procuratore distrettuale di Reggio Calabria, dottor Bruno Giordano e dal personale della Direzione investigativa antimafia di Reggio Calabria in data 11 febbraio 1993.

[4] Memoriale Lauro, cit.

[5] Procura della Repubblica di Reggio Calabria, Direzione distrettuale antimafia, procedimento penale a carico di Condello Pasquale e altri. Parte II, *Anni Sessanta. Da Montalto al convegno di Acqua del Gallo.*

[6] Alfonso Madeo, *Il ricatto della dinamite*, «Corriere della Sera», 24 luglio 1969.

[7] Letizia Paoli, *Fratelli di mafia*, Bologna, Società Editrice Il Mulino, 2000, p. 56.

[8] Lidia Barone, *L'ascesa della 'ndrangheta negli ultimi due decenni*, «Meridiana», nn. 7-8, 1989-90, p. 255.

[9] Polimeni imputava a Paolo De Stefano anche il mancato pagamento di alcuni lavori di sbancamento effettuati ad Archi nel 1964 presso l'abitazione di Domenico Libri e del fratello Pasquale.

[10] Memoriale Lauro, cit.

[11] Agli inizi degli anni Ottanta, durante una perquisizione in alcune celle del carcere di Poggioreale, viene trovato un quaderno con 24 facciate, sulle quali era stato riprodotto in stampatello un testo mutuato direttamente dalla tradizione orale e scritta della 'ndrangheta calabrese.

[12] Lidia Barone, *L'ascesa della 'ndrangheta...*, cit., p. 249.

[13] Corrado Alvaro, *La fibbia*, «Corriere della Sera», 17 settembre 1955, p. 3.

[14] Nicola Gratteri, Antonio Nicaso, *Fratelli di sangue*, Milano, Oscar Mondadori, 2010, p. 44.

[15] Memoriale Lauro, cit.

[16] Procura della Repubblica di Reggio Calabria, Direzione distrettuale antimafia, procedimento penale a carico di Condello Pasquale e altri. Parte VIII, *Ancora su 'ndrangheta e massoneria deviata.*

[17] *Ibidem.*

[18] Isaia Sales, *Storia dell'Italia mafiosa*, Soveria Mannelli, Rubbettino Editore, 2015, p. 178.

[19] Corte d'appello di Catanzaro, Inaugurazione dell'anno giudiziario 1976. Relazione del procuratore generale della Repubblica, dott. Donato Massimo Bartolomei nell'assemblea generale del 9 gennaio 1976.

[20] Alessio Magro, Danilo Chirico, *Dimenticati*, Roma, Castelvecchi editore, 2012, pp.189-190.

[21] Saverio Mannino, *La strage di Razzà*, prefazione di Luigi Malafarina, Roma, Dimensione 80, 1983, p. 5.

[22] *Idem*, pp. 22-23.

23 *Idem*, p. 29.
24 *Idem*, pp. 35.
25 *Idem*, pp. 38-39.
26 Clemente Granata, *La 'ndrangheta ricatta e uccide ma per molti sindaci non esiste*, «La Stampa», 25 novembre 1979.
27 Maurizio Chierici, *La mafia arriva in autostrada*, «Corriere della Sera», 30 agosto 1975.
28 Una lettera anonima inviata al prefetto di Reggio Calabria fa risalire il coinvolgimento della 'ndrangheta nel giro della cocaina addirittura al 1928. In quella circostanza viene denunciata l'esistenza di un clan di 'ndrangheta: il capo società è Umberto Giordano, muratore; il contabile Romeo Battista, barbiere disoccupato; il picciotto di giornata Cristoforo Alleva, muratore. «Sono tutti oziosi, vagabondi, sfruttatori di donne e ladri» si legge nella lettera. I tre sono coinvolti anche nel giro «dell'imbarcazione clandestina e vendita di contrabbando». Uno degli affiliati, Angiolo Lauria, viene indicato come «spacciatore anche di cocaina». Ma fino a prova contraria resta un caso isolato.

V. *La svolta: il traffico di droga*

1 Antonio Zagari, *Ammazzare stanca*, Cosenza, Edizione Periferia, 1992, pp. 65-67.
2 Tribunale penale di Reggio Calabria, sentenza Paolo De Stefano + 59, 4 gennaio 1979, pp. 301-306.
3 Adriano Baglivo, *Sarebbe di 300 miliardi di lire il traffico coordinato dal direttore degli aeroporti della Calabria*, «Corriere della Sera», 6 maggio 1984.
4 Agostino Cordova, sentenza di I grado contro Morena + 43, 1986, pp. 436, 523, 525, 528, citato in Lidia Barone, *L'ascesa della 'ndrangheta...*, cit., p. 265.
5 Loretta Napoleoni, *Economie canaglia*, Milano, Il Saggiatore, 2008, p. 68.
6 Relazione del ministro dell'Interno al Parlamento, *Attività svolta e risultati conseguiti dalla Direzione investigativa antimafia*, primo semestre 2015, p. 56.
7 *Mafie e corruzione a Milano, un sintetico report aggiornato al 30 aprile 2015*, ottava edizione. A cura del Coordinamento di Libera Milano e provincia, p. 10.

VI. La seconda guerra di 'ndrangheta e gli omicidi eccellenti

1 Tribunale di Reggio Calabria, ordinanza di rinvio a giudizio contro Paolo De Stefano + 59, p. 73.
2 In un'altra vicenda, accusato di aver favorito il clan Piromalli, il giudice Gambadoro verrà prosciolto nel 1984 «perché il fatto non sussiste». Con lui erano stati indagati altri magistrati del tribunale di Palmi.
3 Giancarlo Pertegato, *Pertini oggi ai funerali del procuratore Bruno Caccia*, «Corriere della Sera», 29 giugno 1983.
4 Lidia Barone, *L'ascesa della 'ndrangheta...*, cit., p. 261.
5 Gianfranco Manfredi, *Il boss Piromalli: «L'uccisione del sindaco Gentile è un affronto a me»*, «Il Messaggero», 12 maggio 1987.

[6] Pantaleone Sergi, *Martinazzoli: «I giudici non sono inamovibili»*, «la Repubblica», 23 gennaio 1986.

[7] Pasquino Crupi, *Lodovico Ligato*, Cosenza, Periferia, 1993, p. 26.

[8] Corte d'assise d'appello, Reggio Calabria, sentenza n. 6/98 nel processo per l'omicidio di Lodovico Ligato, 13 marzo 1998.

[9] Claudio Cordova, *A ventitré anni dall'omicidio "eccellente" di Lodovico Ligato*, «Il Dispaccio», 27 agosto 2012.

[10] Alessia Candito, Rocco Vazzana, *La 'ndrangheta reggina nelle trattative*, «Left-Avvenimenti», n. 21, 1 giugno 2013.

[11] Vittorio Grevi, *Tragico richiamo alla realtà*, «Corriere della Sera», 11 agosto 1991.

[12] Agatino Licandro, *Aldo Varano, La città dolente, confessione di un sindaco corrotto*, Torino, Einaudi, 1993, p. 95.

[13] Mario Guarino, *Poteri, segreti e criminalità: l'intreccio inconfessabile tra 'ndrangheta, massoneria e apparati dello Stato*, Bari, Edizioni Dedalo, 2004, pp. 65-66.

[14] Marco Nese, *Mi pregarono in ginocchio di fare il presidente*, «Corriere della Sera», 2 ottobre 1986, p. 5.

[15] Antonio Nicaso, *Alle origini della 'ndrangheta*, cit., p. 8.

[16] Carlo Macrì, *'Ndrangheta: le figlie del patriarca «Perdoniamo»*, «Corriere della Sera», 23 marzo 1995, p. 11.

[17] Nicola Gratteri, Antonio Nicaso, *Dire e non dire*, cit., pp. 143-144.

[18] Pantaleone Sergi, *S'uccide il notaio dei boss. Ora è giallo sulle sue carte*, «la Repubblica», 29 maggio 1996.

[19] Isaia Sales, *Storia dell'Italia mafiosa*, cit., p. 30.

VII. *La colonizzazione*

[1] Mattia Pacella, *'Ndrangheta in Svizzera: «Se non facciamo qualcosa in Ticino si comprerà tutto»*, «Il Fatto Quotidiano», 9 giugno 2016.

[2] Operazione antidroga condotta nel 2015 in collaborazione con la polizia francese, nella zona compresa tra la Liguria e la Costa Azzurra.

[3] Isaia Sales, *Storia dell'Italia mafiosa*, cit., p. 44.

[4] *Idem*, p. 45.

[5] Giuseppe Gennari, *Le fondamenta della città*, Milano, Mondadori, 2013, pp. 27-28.

[6] Primo rapporto sulle aree settentrionali, redatto per la Presidenza della Commissione parlamentare di inchiesta sul fenomeno mafioso a cura dell'Osservatorio sulla criminalità organizzata dell'Università degli Studi di Milano.

[7] *Ibidem*.

[8] Tribunale di Milano, Sezione autonoma misure di prevenzione, Decreto nei confronti di Valle Francesco + 9, depositato il 23 novembre 2012, p. 132.

[9] Processo Minotauro, sentenza della Corte di cassazione, 23 febbraio 2015.

[10] Interrogazione a risposta scritta 4/09652 presentata da Andrea Orlando (Partito democratico) in data 23 novembre 2010.

[11] Prefettura di Milano, *La criminalità organizzata in Lombardia*, in occasione del-

la visita della Commissione parlamentare d'inchiesta sul fenomeno della mafia e delle altre associazioni criminali anche straniere, Milano, 21-22 gennaio 2010.

[12] Direzione distrettuale antimafia di Milano, interrogatorio di Antonino Belnome, 3 dicembre 2010.

[13] Franco Roberti con Giuliano Foschini, *Il contrario della paura*, Milano, Mondadori, 2016, pp. 113-114.

[14] Giuseppe Baldessarro, *Minacce, appalti illegali e abusi: così Brescello è diventata schiava della mafia*, «la Repubblica», 11 maggio 2016. Cfr. http://bologna.repubblica.it/cronaca/2016/05/11/news/minacce_appalti_illegali_e_abusi_cosi_brescello_e_diventata_terra_di_ndrangheta-139574593/

[15] Stefania Pellegrini, *Le mafie in Emilia Romagna*, Bologna, Facoltà di Giurisprudenza, Alma Mater Studiorum, 2011.

[16] Direzione distrettuale antimafia, Torino, Commissione parlamentare d'inchiesta, relazione conclusiva, 22 gennaio 2013.

[17] Direzione nazionale antimafia e antiterrorismo, relazione 2015, curata dai sostituti procuratori nazionali Marco Del Gaudio e Salvatore Dolce, *'Ndrangheta*, 10 febbraio 2016, p. 27.

[18] Procura della Repubblica presso il tribunale di Reggio Calabria, Direzione distrettuale antimafia, decreto di fermo di indiziato di delitto, procedimento n. 1389/2008 R.G.N.R. DDA. Volume terzo, pp. 1742-1743.

[19] Direzione nazionale antimafia e antiterrorismo, relazione 2015, curata dai sostituti procuratori nazionali Marco Del Gaudio e Salvatore Dolce, *'Ndrangheta*, 10 febbraio 2016, p. 32

[20] Paolo Tessadri, *Verona, dimissioni del vice sindaco Giacino. Nell'inchiesta spunta la 'ndrangheta*, «Il Fatto Quotidiano», 16 novembre 2013.

[21] *Ibidem.*

[22] Nicola Gratteri, Antonio Nicaso, *Dire e non dire*, cit., p. 202.

VIII. *Annus horribilis*

[1] Attilio Bolzoni, *Dirigenti legati alle cosche, così domina la 'ndrangheta*, «la Repubblica», 26 marzo 2006, p. 21.

[2] Arcangelo Badolati, *Mamma 'ndrangheta*, Cosenza, Pellegrini, 2014, p. 600

[3] Tribunale di Reggio Calabria, Sezione GIP-GUP, Ordinanza di applicazione di misura cautelare nei confronti di Asaro Salvatore + 46, 23 gennaio 2008.

[4] Cfr. http://espresso.repubblica.it/archivio/2016/04/07/news/panama-papers-nicola-di-girolamo-ex-senatore-1.257522, consultato il 7 aprile 2016.

[5] Nicola Gratteri, Antonio Nicaso, *Dire e non dire*, cit., p. 73

IX. *Il «capitale sociale»: la zona grigia dei professionisti al servizio della 'ndrangheta*

[1] Antonio Nicaso, *Alle origini della 'ndrangheta*, cit., pp. 20-21.

[2] *Ibidem.*

[3] *La scoperta d'una vasta associazione a delinquere a Reggio-Calabria*, «Gazzetta di Messina e delle Calabrie», 3 aprile 1914, p. 2. Scrive il giornale: «L'Asso-

ciazione era bene organizzata con capi dirigenti. Infatti vi figurano il capo, il contaiolo, camorristi, picciotti o mezze gavette, fiorilli [...] Fondata nel silenzio, nell'aiuto reciproco, nella solidarietà di tutti i membri, l'associazione sfidava le leggi, fatta coraggiosa dall'impunità che aveva assicurata colla paura delle vittime e col terrore che incuteva». Nell'articolo si fa riferimento anche al codice dell'omertà «osservato scrupolosamente» da tutti gli associati, i quali spesso per evitare condanne fanno ricorso a testimoni falsi. A coordinare le indagini è il capo della squadra mobile Cavatore, del quale abbiamo già parlato, sempre in relazione a Campolo, nel capitolo sul terremoto del 1908.

[4] Luca Fazzo, *Milano, giudice in cella. «Era pagato dai clan»*, «la Repubblica», 22 giugno 1995.

[5] Francesco Alberti, *Roberta, il fascino proibito del boss. «Il Sanguinario! Un grande onore»*, «Corriere della Sera», 4 febbraio 2015.

[6] Alberto Gaino, *Tav, Olimpiadi e Spina 3 i cantieri della 'ndrangheta. In manette due pregiudicati e un commercialista: riciclavano soldi della droga*, «La Stampa», 21 ottobre 2009.

[7] Procura della Repubblica presso il tribunale di Reggio Calabria, Direzione distrettuale antimafia. Fermo di indiziato di delitto nei confronti di Zumbo Giovanni, n. 1095/10 R.G.N.R Mod. 21 DDA, p. 9.

[8] Elio Veltri, *La 'ndrangheta Spa e lo Stato che non c'è*, «l'Unità», 29 agosto 2007, p. 26.

[9] Carlo Macrì, *La 'ndrangheta dietro il business dell'eolico. Sequestrato mega-impianto da 350 milioni*, «Corriere della Sera», 13 luglio 2012. Cfr. http://www.corriere.it/cronache/12_luglio_13/calabria-ndragheta-impianto-eolico_c52ed416-cd02-11e1-a3bf-e53ef061f69e.shtml, consultato il 5 luglio 2016.

X. *Il «coso»: nuova 'ndrangheta o nuova massoneria deviata?*

[1] Tribunale di Reggio Calabria, Sezione GIP-GUP, ordinanza di applicazione di misure cautelari nei confronti di Altomonte Giuseppe + 37, 29 dicembre 2011.

[2] Tribunale di Reggio Calabria, Sezione GIP-GUP, ordinanza di non convalida di fermo disposto dal PM e contestuale ordinanza di applicazione di misure cautelari nei confronti di Romeo Paolo + 8, 13 maggio 2016.

[3] Tribunale di Reggio Calabria, ordinanza su richiesta di applicazione di misure cautelari nei confronti di De Stefano Giorgio + 7, 12 luglio 2016.

[4] *Ibidem*.

[5] Simona Musco, *«Mammasantissima». I Ros scoperchiano la cupola segreta ai vertici della 'ndrangheta che tramite i suoi colletti bianchi condizionava politica ed economica*, zoomsud.it, 15 luglio 2016. Cfr. http://www.zoomsud.it/index.php/cronaca/92057-mammasantissima-i-ros-scoperchiano-la-cupola-segreta-al-vertice-della-ndrangheta-coinvolti-anche-sarra-e-caridi, consultato il 17 luglio 2016.

XI. *Il voto di scambio e gli accordi inconfessabili*

[1] Tribunale di Reggio Calabria, Sezione dei giudici per le indagini pre-

liminari, Ordinanza di applicazione della misura coercitiva della custodia cautelare nei confronti di Aiello Liliana + 11, 16 dicembre 2010.

[2] *La mafia al Nord*, «Presa Diretta», Rai3, 15 gennaio 2012.

[3] Pietro Bellantoni, *Reggio Calabria è il regno della Fata Morgana: «Così Romeo continuava a fare pressioni e affari»*, «La Stampa», 12 maggio 2016.

[4] Alberto Vannucci, *Il «Partito della Mafia». Organizzazioni criminali, politica e corruzione in Italia*. Per gentile concessione dell'autore, 2016.

[5] Rodella Mara, *I voti di Brescia fanno gola alla mafia: controlli interforze*, «Corriere della Sera», 12 ottobre 2012, p. 3.

[6] Tribunale di Palmi, sentenza nei confronti di Gioffrè Rocco Antonio + 9, depositata in cancelleria il 22 luglio 2010 e confermata dalla Cassazione nel 2013. Operazione «Topa», Direzione distrettuale antimafia, Reggio Calabria.

[7] Intervista con gli autori, giugno 2016.

[8] *Ibidem*.

XII. *Le nuove tecniche di consenso sociale e di arricchimento*

[1] Alberto Custodero, *Commissione Antimafia: «Cosche azioniste di club calcistici nei campionati minori»*, «la Repubblica», 6 luglio 2016. Cfr. http://www.repubblica.it/cronaca/2016/07/06/news/commissione_antimafia_relazione_sulle_infiltrazioni_mafiose_e_criminali_nel_gioco_lecito_ed_illecito-143537887/, consultato il 30 luglio 2106.

[2] Nicola Gratteri, Antonio Nicaso, *Oro bianco. Storie di uomini, traffici e denaro dall'impero della cocaina*, Milano, Mondadori, 2015, p. 220.

[3] Francesco Ceniti, *La 'ndrangheta nella curva Juventus: suicida leader dei Drughi, altro sparisce*, «Gazzetta dello Sport», 11 luglio 2016. Cfr. http://www.gazzetta.it/Calcio/Serie-A/Juventus/11-07-2016/ndrangheta-curva-juventus-suicida-leader-drughi-sparizione-arresti-business-biglietti-bagarinaggio-160311486030.shtml, consultato il 30 luglio 2016.

[4] Tribunale di Reggio, Ufficio del giudice per le indagini preliminari. Ordinanza di custodia cautelare nei confronti di Gennaro Mario + 127, 13 luglio 2015.

[5] Lucio Musolino, *'Ndrangheta e gioco online, la parabola di Mario Gennaro. «Rubava motorini, ora muove milioni»*, «Il Fatto Quotidiano», 22 luglio 2015.

[6] Tribunale di Reggio Calabria, sezione GIP-GUP, ordinanza di applicazione di misura cautelare nei confronti di Gennaro Mario + 127, 13 luglio 2015.

[7] Tribunale di Reggio Calabria, Seconda sezione collegiale, sentenza contro Campolo Gioacchino, 14 gennaio 2011.

[8] Federica Angeli, *Le mani delle mafie su videolottery e giochi online: «Rendono più della droga»*, «la Repubblica», 13 gennaio 2016.

[9] Tribunale di Roma, Ufficio del giudice per le indagini preliminari. Ordinanza cautelare nei confronti di Tancredi Luigi + 12, 9 dicembre 2015.

[10] Si tratta dell'informatore americano, ex dipendente della CIA e collaboratore di società informatiche consulenti della NSA, che nel giugno 2013

ha rivelato i dettagli di diversi programmi di sorveglianza di massa del governo statunitense.

[11] Fabio Sanvitale, *Il deep web, una grande risorsa anche per i giornalisti*, «Lsdi, Libertà di stampa diritto all'informazione», 5 aprile 2014. Cfr. http://www.lsdi.it/2014/il-deep-web-una-grande-risorsa-anche-per-i-giornalisti/, consultato il 18 agosto 2016.

[12] Relazione del ministro dell'Interno al Parlamento. *Attività svolta e risultati conseguiti dalla Direzione investigativa antimafia*, secondo semestre 2015.

Conclusioni

[1] Luca D'Auria, *Mafia: il concorso esterno è una «perversione» intellettuale*, Blog Giustizia & Impunità «Il Fatto Quotidiano», 7 marzo 2016.

[2] Procura della Repubblica presso il tribunale di Reggio Calabria, Fermo di indiziato di delitto nei confronti di Barbieri Domenico + 13, 11 luglio 2016.

[3] Demoskopika, Gruppo italiano per le ricerche di opinione e di mercato, *'Ndrangheta spa, stesso giro affari di Deutsche Bank e McDonald's*, Rende, 26 marzo 2014. Cfr. http://media.wix.com/ugd/779c1f_3aed1e5fe4e54ca2a1e78d081fb0953e.pdf, consultato il 21 agosto 2016.

[4] Tribunale di Reggio Calabria, ordinanza su richiesta di applicazione di misure cautelari nei confronti di De Stefano Giorgio + 7, 12 luglio 2016.

[5] Nicola Gratteri, Antonio Nicaso, *Dire e non dire*... cit., p. 20.

[6] Graziella Durante, *Il legame tra corruzione e mafie è il cuore del sistema-Paese*, «Il Fatto Quotidiano», 5 aprile 2015.

[7] Relazione del Ministro dell'interno al Parlamento. *Attività svolta e risultati conseguiti dalla Direzione investigativa antimafia*, secondo semestre 2015.

[8] Luigi Barone, *Corte di cassazione. Parte I, Questioni di diritto sostanziale. Capitolo III*, in «Cassazione penale», supplemento n. 06-2016, pp. 99-100.

[9] Commissione parlamentare d'inchiesta sul fenomeno della mafia e sulle altre associazioni criminali similari. Relazione sulla situazione della criminalità in Calabria. Relatore: senatore Paolo Cabras, approvata dalla Commissione in data 12 ottobre 1993.

[10] Italo Calvino, *Romanzi e racconti. Volume III. Racconti e apologhi sparsi*, I Meridiani, Milano, Mondadori, 1994. Già pubblicato su «la Repubblica» il 15 marzo 1980 con il titolo *Apologo sull'onestà nel paese dei corrotti*.

[11] Cesare Pavese, *Il mestiere di vivere: 1935-1950*, Torino, Einaudi, 2000, p. 208.

Ringraziamenti

I ringraziamenti sono doverosi, ma soprattutto sinceri.

Ci è stata di grande aiuto Roberta Aprati, che ha letto varie stesure del libro. Altrettanto apprezzati sono stati i suggerimenti di Rosa Frammartino, ma soprattutto della nostra redattrice Maria Bastanzetti, minuziosa e precisa.

Nella fase di ricerca è stato prezioso il contributo di Maria Barilà e Vittorio Amaddeo, ma anche di Cesare Giuzzi, Giuseppe Legato e Arcangelo Badolati.

Un ringraziamento va ai magistrati Giovanni Bombardieri, Maria Luisa Miranda, Stefano Musolino, Paolo Sirleo, ai generali Gianluigi Miglioli e Andrea Rispoli e ai tenenti colonnelli William Vinci e Alessandro Mucci.

Un sincero grazie va altresì alla direttrice dell'Archivio di Stato di Reggio Calabria, Maria Giuseppina Marra. Ma anche a Vittorio Cappelli, Isaia Sales, Federico Varese, Donato Santeramo e Alberto Vannucci.

Infine tutta la nostra gratitudine va a Nicoletta Lazzari e Francesco Anzelmo, che hanno sempre creduto in noi.

Il libro è dedicato a Marina, Antonella, Francesco, Marco, Massimo ed Emily.

MISTO
Carta da fonti gestite
in maniera responsabile
FSC® C115118
FSC
www.fsc.org

Mondadori Libri S.p.A.

Questo volume è stato stampato
presso ELCOGRAF S.p.A.
Stabilimento - Cles (TN)

Stampato in Italia - Printed in Italy